出庭

Appear
in
Court

李 军 —— 著

知识产权出版社
全国百佳图书出版单位
—北 京—

图书在版编目（CIP）数据

出庭／李军著．--北京：知识产权出版社，
2020.11

ISBN 978-7-5130-7219-9

Ⅰ.①出… Ⅱ.①李… Ⅲ.①律师业务—中国—文集

Ⅳ.①D926.5－53

中国版本图书馆 CIP 数据核字（2020）第 188042 号

责任编辑：薛迎春　　　　　　　责任校对：谷　洋

责任印制：刘译文

出　庭

李　军　著

出版发行：**知识产权出版社** 有限责任公司		网　　址：http://www.ipph.cn	
社　　址：北京市海淀区气象路 50 号院		邮　　编：100081	
责编电话：010-8200860 转 8724		责编邮箱：471451342@qq.com	
发行电话：010-82000860 转 8101/8102		发行传真：010-82000893/82005070/82000270	
印　　刷：三河市国英印务有限公司		经　　销：各大网上书店、新华书店及相关专业书店	
开　　本：880mm×1230mm　1/32		印　　张：7.625	
版　　次：2020 年 11 月第 1 版		印　　次：2020 年 11 月第 1 次印刷	
字　　数：205 千字		定　　价：58.00 元	
ISBN 978-7-5130-7219-9			

序一

"流水之为物也，不盈科不行；君子之志于道也，不成章不达。"

作为亚太地区规模最大的全球律师事务所，北京市盈科律师事务所一直努力发挥自身商务律师事务所的优势，整合优势资源为客户提供优质的法律服务，让客户满意。

我很荣幸地介绍，本书的作者李军律师，是我的同事，我们盈科武汉分所的股权高级合伙人以及管理合伙人之一。本书虽是他的处女作，但他丰富的人生阅历以及"匠人匠心"的法律情怀足以让我们展望他在未来的商事法律服务工作中更广阔的"匠艺"空间。

以下这些经历与经验对于单独的某一个人而言并不足为奇：十年的商务从业经验，十六年的律师执业经历，核心仲裁员的视角，做仲裁员的律师，做律师的仲裁员，受训于纽约的中国律师，谙熟商业的专业律师……但能够将这些标签集于一身的律师则是凤毛麟角。这些心路历程，被独具匠心的"匠人"李军律师记录下来，形成这本书，用他的话说："颇有些生趣。"

在我看来，法律人的职业气质与工匠精神是契合的，独特的阅历加上李军律师的后天勤勉、笔耕不辍，锻造了他淡定从容的个性。读他的文字，一位怀持苦难悲悯、执着法律职业、坚守公平正义、恪守律师职责的写者跃然纸上。透过李军律师那些娓娓道来的"律笺小字"，尤其在这疫情肆虐的 2020 年，每一个人都会有深厚的感念。

此刻，武汉，春天已来，樱花盛开，阳光很好，街头虽仍寂静，但严寒漫长的冬天即将过去，温暖明媚的春天正在到来！

让我们大家一起祝福武汉！祝福湖北！祝福中国！

是为序。

北京市盈科律师事务所

全球创始合伙人、主任　梅向荣

2020 年 4 月 8 日

序二

当李军律师——我们的老朋友，也是我们中美法律交流基金会（US-China Legal Exchange Foundation）项目发展委员会委员及荣誉终身会员——邀请我为他的新书作序时，我欣然应允。

2009 年，李军律师作为我们基金会第一期访问学者参加我们在美国纽约福特汉姆大学法学院开设的中国高级律师培训项目，他的勤思善写给我留下了深刻印象。十年后再读他的文字，往昔的欢聚宛如昨日，我很高兴见证他的职场经验以及个人成就在不断升华，这得益于他的勤勉与尽责。

2009 年，美国笼罩在 H1N1 肆虐的阴云中，李军律师不惧疫魔来到纽约。在福特汉姆大学法学院，他勤奋学习，敏于思考。2020 年，武汉疫情让世界挂牵，安静的他一如既往勤于总结，不断升华。曾经，他谦虚地对我说，"希望自己能够有能力去写一本属于自己的小书"。如今，我欣喜地读到了他的处女作——《出庭》，一位做仲裁员的资深律师的所思所想。

《出庭》是一本值得做律师的法律人以及希望了解律师职业的朋友们轻松阅读的书，作者丰富的人生阅历以及善感的心智形成的独特视角是本书最大的看点。李军律师是一位担任过水手、业务员、部门经理、常务副总、总经理、股权高级合伙人律师（管理合伙人）和核心仲裁员的多面手，这使得他"习惯于从决策的视角为当事人提供专业意见"。

作为一位资深律师，理性的他擅长以感性的随笔形式记录他职场生涯的点点滴滴以及人生感悟,他的自画像正是一位在法律的理性与文字的感性之间游走的律师。这些"律笺小字"看起来似乎平淡无奇,仔细阅读之后,你会从他"云淡风轻"的"闲说"中感受到一位执业律师的境界、格局以及职场从容。愿读者朋友们在轻松阅读之余也能有专业上的收获。

中美法律交流基金会愿借此机会与李军律师一同祝福在武汉在中国的所有法律界同人们 2020 年一切安顺!

武汉加油! 中国加油!

中美法律交流基金会主席

张红 Holly Zhang

2020 年 3 月 8 日于美国新泽西

自序

如果律师有光环的话，让我们忘记它吧；
如果律师有黑子的话，让我们也忘记它吧；
让我们在法律的神圣与庄严里思索；
在生命的光与影里凝神思索。

01 事关情趣

当我与朋友谈到我想写书的时候，安静的她如我所料地说，"如此，甚好"，我说我不确定是否能够达到出版的水准，朋友说事关情趣，是否出版并不重要。

是的，事关情趣。

2020 年春节，新型冠状病毒肆虐，这个假期，着实很长。从未烦过假期，今年，好想为国家多做贡献，但国家说，安静待家里，就是不给社会添乱，就是对国家最大的贡献。

于是，去读书，读同事写的书，读前辈写的书，读先贤写的书。

夜的静里，问自己，我是否也需要有点情趣。

是做律师的情趣？还是写字的情趣？

于我而言，首先是写字的情趣，其次是做律师的情趣；将做律师的情趣变成文字，如能再有些读者，便是生趣。

写字，属人生态度范畴，事关感性；律师，属执业理念范畴，事关理性。

律师如我，行走在法律的理性与文字的感性之间，凡尘一粒。

02　关于《出庭》

阿萍在微信里说，李军你可以写些文字留下来，老了可以回头看。

她提醒了我，回头看自己过去写落的文字，算一算，居然也有数百篇。

我给这本小书起了个名字《出庭》。

个中之文，多为小字。因为时间有限，书写之时，多是为了记下一桩值得庆贺或反省的案件，或是一位值得记忆或忘却的委托人。

这本小书，记录的是自己作为律师出庭的所思所想；也记录了一些自己作为仲裁员主持仲裁庭审时所看到的出庭律师的表现，而生发的作为旁观者的所思所想。

笔者弱弱声明，吾本平凡小律一枚，所办案件平凡，所写文字平淡无奇。但对于笔者而言，在这不平凡的武汉的 2020 年，我以不平淡的心情写落这些小字，其中的些微情感，是不平淡的。亦需说明的是，拥有仲裁员经历的律师，不在少数，我只是其中之平凡一员，甚至不算资深。我和其他仲裁员一样，在这个需要对社会承担公平与正义责任的工作岗位上，以法律人的寂寞，维护着法律人的尊荣。

尽管我以为自己年轻，但儿子的成年，小同事"大叔哥"的称呼无情地提醒我：人已在中年。我深知，我无法亦无能亦不必取悦任何读者。

我愿与如下的读者诸君（包括但不限于），或有一瓣心香：

（1）行走在法律的理性与文字的感性之间的人们，尤其是律师们；

（2）已经在律途中的那些年轻的法律人，以及希冀成为法律人尤其是律师的师弟师妹们；

（3）那些多有闲暇，不忌深浅，心存善念又长怀悠远的前手与高手们；

（4）那些现在与未来认识我的，以及我认识的企业决策者们——当你们读到这本小书时，李军律师团队（投资并购法律事务部）于2020年进入攀登时代。正如电影《一代宗师》的台词所说，"过手如登山，一步一重天"，我在法庭与法律同行过手，用心去走每一步，希冀去参透那"一重天"。

2009年，在美国纽约福特汉姆大学法学院游学时，我恍然意识到，中国的法科教育中缺少一门必要的课程，那就是法律职业技能教育，包括但不限于案件分析、法律检索、文书撰写、诉讼策略、庭审技巧。

这本小书，不是自传，我更想为年轻的法律学子们打开一扇窗，去听听别人的故事，看看别人的来路，再去思考自己的去路。

若能起到"他山之石，可以攻玉"的些微启发效果即为荣幸。

于新人、于同人、于朋友、于企业决策者。

王国维在《人间词话》说，古今之成大事业、大学问者，必经过三种之境界。

"昨夜西风凋碧树，独上高楼，望尽天涯路。"

"衣带渐宽终不悔，为伊消得人憔悴。"

"众里寻他千百度，回头蓦见，那人正在灯火阑珊处。"

《出庭》之小书，记录的是笔者作为普通法律人在律师以及仲裁员两个工作领域的些许经历与经验。我深知，这本小书，感性（文采）不足，理性（理论）亦不足，如果读者诸君能够在阅读中收获片刻宁静与沉思，是为幸甚。

与君共勉。

李军律师·仲裁员于武汉

2020年2月14日

目　录

为了律师袍

律师的舌尖在每一位听众的心里跳舞。

——[英] 皮特·克瓦洛克律师

01 人生方向

打开衣橱，有一件衣服很少穿：我的律师袍，更多时候它只是静静地在那里。

除了纪念日，便是出庭时。

很多次，我都在想，15 年（律龄）过去了，我为什么要做律师？我现在是一名怎样的律师？我想做怎样的律师？我最终会成为怎样的律师？我还热爱律师这个职业吗？

我相信每一位律师朋友都有不同的结论。

此刻，因为新冠疫情，我们都在家里宅着，于是我有了更多的时间来思考这个问题。我相信还有许多行走在"律途"的朋友和我一样，也在思考这个问题。

我没有结论，这个"路漫漫其修远兮，吾将上下而求索"的过程，就是最好的注脚。

和我打过交道的企业老总总会说，"李律师，我感觉您和别的律师的思维方式不大一样"。我笑笑。我经常想起我的一位前辈，也是武汉市第一家四星级大酒店的董事长，尊敬的L总在1999年对我说的话，他说我最适合的工作不是做律师，而是做幕僚。

那一年我二十七岁。二十年以后，顾问单位请我为一起失踪职工案件出具律师意见，失踪人姓L，这个姓非常少见，我便问该单位领导，失踪人是否有一个兄弟是L总，领导说是的。我的眼眶湿润了。我神情凝重地在法律意见书上签上了我的名字，轻声说了句请代问L总安好。我不知道L总看到法律意见书是否会想到我，如今他该有七十岁了。

那些人，那些事，蓦然回首，仿若昨天。

我依然是律师，我也习惯了做一位无名的律师，习惯了在办理完毕一个案件、处理完毕一起非诉讼事务后，听委托人说"李律师，你和别人不一样"。其实律师职业和别的职业没有什么不一样，不一样的是每一个人的人生经历。

身边的董事长、总经理经过了一波又一波。只有那么几位，在我的记忆长河的波光留影里，依稀仿佛，但永不泯灭。

我以聆听过他们的教诲，受益过他们的指导，担任过他们的代理人，成为过他们的法律顾问，被他们称为幕僚，而倍感荣幸。不管我们现在有无联系，甚至可能心生隔阂，都不会影响他们在我心目中的位置，他们之于我的教益，我将永生难忘。

02　凭栏听江声

个人简历是需要填写工作经历的，这对于我来说是一件困难的事情，因为我在少不更事之年经历的短期工作太多，以至于我不知该如何解释。现在回头想来，我是何等感谢那些"漂泊"的岁月。

严格地说，我的第一个工作单位是湖北省水利厅，国家干部编制。在父母眼里，不是学法律就必须要从事法律工作，有个铁饭碗比什么都重要，我找不到反对的理由。父母也在这个单位，我算子弟。

我顺从了母亲的意志，第一次参加律师资格考试，差了8分，总结了一下，觉得自己吃苦不够，那时郑智化的《水手》脍炙人口，我深受感染，便问父亲："咱们单位的船在哪里？"父亲说在上海。

我还没有去过上海！干部是有见习期的，需要下基层锻炼，于是我选择了上船，当了疏浚工程船上的一名水手。选择这条船，是因为父亲从部队转业到这个单位，第一站便是担任这支船队的书记，我读书时跟他到船上玩过。我还有几分怀旧。

我的动手能力一向较差，但拖地的姿势在我太太眼里是最潇洒的，那是在船上时跟师傅学的。因了她的夸赞，我最喜欢的家务活便是拖地。每每在家里拖地，就会想起东海之滨、黄浦江畔，还有武汉白沙洲大桥汉阳桥头的那片林地，我曾是这些地方的建设者之一。

船上的日子，锻炼了我不怕困难以及克服困难的勇气与能力。

彼时尚少年，因为晕船和首日即失足落海魂飞魄散，向母亲哭诉要求调回基地，母亲只说了一句，男儿是需要吃得苦头的。我无语，这是我选择的。

回想在船上的日子，师傅们说，自打我第一次叠被子以后，其他人才形成了起床后叠好被子方便下一位同事睡觉的习惯，也是自打我去了以后，先吃完饭的同事会说一声"各位慢用"再离场。省水利厅曾询问我是否愿意到水利学校去当老师，教法律，那时年轻，我觉得自己早晚还是应该去做律师，于是拒绝了这份旁人眼中的美差。母亲只说了一句，"希望你以后不后悔，去闯荡，妈支持"。

母亲是在她七岁时随姥爷那一批南下干部到了广东省韶关市，姥爷先是在英德、乳源、翁源做县长，后来在韶关市历任外贸局局长、旅游局局长、统战部部长，据说韶关市三位副市长都曾是姥爷的部下。多年以后，姥爷在河北省邢台市临西县的坟墓是唯一没有被平掉的土墓——据说他是该县南下最大的官，县政府对他老人家表达了极高的礼遇。姥姥在韶关市中级人民法院担任法官，该市组建检察院后又调至市检察院担任检察官，她是我小舅舅的师傅与前辈。现在依然担任检察官的小舅舅则是我的前辈与师傅，谈起刑事案件与刑法他如数家珍，讨论民法他则会极其谦虚地说他不够专业。

尽管做了三十六年的武汉人，很遗憾我不会讲武汉话，只会讲广东话和普通话。那份浓浓的广东情结挥之不去，我在韶关的同学与发小们说，在他们的印象中我永远是属于韶关的。

最近几年我才知道，我们在韶关市生活的部队大院属于核工业部（核工业部华南地质勘查局的前身，现在已经整体迁移到广州市花都区，我们在韶关的家现在还没有拆），据说中国的第一颗原子弹中的铀就有父亲这支部队以及韶关市（也叫山城）的功劳。

回到正题。在某种程度上，律师职业要能够体察民间疾苦，倾听当事人心声，只有懂得、理解，才能有热忱有耐心有信心为委托人提供周至的法律服务。

一年后，干部见习期满，转正，我便向人事科办理了请调报告，将自己的人事档案调入了武汉市人才交流中心，成了保留干部编制的待业人员。

03　乐在营销

按照母亲的规划，我在二十五岁之前是可以流浪天涯的，父亲十七岁时参军到广东，从不反对母亲关于我的人生规划的意见。

我从一百名应聘者中脱颖而出，成了广告公司的一名业务员，这个职业是我自己的选择，在我看来，广告行业集合了市场、销售、企业管理、文学、美学、心理学、策划、演讲等多个领域，是一个极锻炼个人综合素质的行业。

很幸运的是，当时一位著名歌星的堂兄，也是某大学的讲师，担任这个公司的首席策划，我称他 Y 老师（他不喜欢别人叫他 Y 总），1994 年前后武汉市的演唱会几乎都是他组织的。我是一个比较好学的学生，因为谦逊（也没有不谦逊的资本），亦得 Y 老师的喜欢，他说看我工作认真又好学，给我提供了一些书目，让我有兴趣的话去读一读。

在他的指导下，我阅读了一些广告、管理、美学、策划、市场与销售方面的书籍。将读书与工作结合，尤其是这种结合得到了别人认可，这种快乐是容易让人欲望膨胀的，我便在这种在业务工作中被别人时常称赞"你的思维和别人不一样"的快乐中快乐着。

和学生时代不一样，我是为了获得客户订单而读书。这种饶有趣味并存在成就感的阅读保持了很长一段时间。

因为家风的原因，我很少去计算这个订单拿下我能获得多少钱，我只考虑我应否去争取的问题。

我记得我的客户中有一位证券公司的 D 总颇有感触地对我说："很多业务人员是为了获得佣金而与我打交道，而你更像一位导游，引导我来现场感受我为什么应该选择这个项目。"我对 D 总的话表示感谢。他不知道的是，在我的内心，我认为自己应该是属于律师行业的，我早晚会回归，这只是一些经历。

1998 年，婚假过后一周，我去见一位房地产经纪行业客户，洽谈广告，经过多次见面我们已经彼此熟悉，甚至可以相互调侃。

聊天中，A 总问我对他的销售团队的总体评价如何，我认为"不行"。他说有你认为"行"的吗？我说 H 女士从综合素养角度来说不错，稍加培养可以胜任销售经理。A 总说给我三天时间考虑，邀请我担任销售经理，我若去，他则辞退其他人员，H 女士给我做助理。

第三天下午五点，我去电 A 总，告诉他我的决定。我选择了 A

总，还有一个原因，从我家到公司的公交车是 526 路，而 5 月 26 日，是我和太太领结婚证的日子，当时我宿命地认为这是我人生的一个新的起点。

那一年，那英和王菲合作的一曲《相约 1998》堪称经典，至今，《相约 1998》还是值得回味的。她们的《相约 1998》，我的 1998。

从二十六岁起，我进入管理职位。我的一点浅薄的经营管理的理论与实践，始于 1998 年。

在 H 女士的支持下，我重新建立了一支十四人的销售团队。多年过去了，我已经不记得 H 女士的名字（我很抱歉），她总是那么静静地记录我的观点，执行我的指令，同时监督工作的落实情况。

多年以后，也有那么一个女孩子，将应聘律师助理的简历递到我的面前，言语不多，我问她为什么别人都将简历交给了 HR，而她却交给了我。她说会有很多人跟她竞争，所以她需要拔得头筹。她成了我的助理，一直到她另有高就。

我看好她的未来，因为，机遇只会垂青那些有准备的人。

我的那些可爱的小伙伴们以能够得到我的认可与夸赞为工作目标，用他们的话说，到了李经理跟前工作居然发现自己过去书读得不够。我笑笑。

我没有告诉他们的是，在大学里，我的绝大部分时间都在图书馆度过，宽泛地阅读各种书籍，到英语角练习口语，读书卡片记录保存了上千页，这些，成为我现在工作的底蕴。

但这些花去了我结交女友的时间。

我很欣慰的是，我的太太也是一位静静的女孩，我们在 1989 年相识，周公不曾托梦知会或提示我的公主是她，以至于我们在 1997 年才相恋，我依稀记得她在我们第二次不算约会的见面中告诉我她可能失恋了，我说如果可以的话我就永生托管了。次年，我们结婚。

有一个有趣的现象，在我的团队中，有两个小伙子，一位的专业是房地产经营与管理，另一位的专业是数学，前者自觉口才仅次于我，后者则默默无闻。您认为谁的销售业绩更好？数学系的小伙子。在 H 女士给我看月末成绩时，我也惊奇，为此我私下请小伙子吃饭以示嘉奖并询问秘籍。他笑笑，说客户更愿意相信言语不多的销售人员，因为他们有自己的判断。你说多了他反倒觉得你不过是想赚取佣金而已，并不是想帮他选择更宜居的房屋。

04　常务副总

一个偶然的机会，我太太的表姐给我来电话，她中学同学 W 的父亲突发疾病猝死，家族留下了一个服装公司，W 作为长女仓促上阵接管企业，副总职位更换了数人均无法胜任，销售业绩也因此上不去，问我想不想试一试。

我迟疑了一阵，毕竟我没有服装公司的管理经验，能够胜任吗？我问表姐凭什么觉得我能够胜任呢，她说她向 W 总介绍了我，W 总的直觉是我可以胜任，所以她打电话给我。

于是我去见 W 总，两小时的谈话后，我说我下周一过去，但原则上我负责把队伍带出来，只待半年，W 总说好，看我们的合作缘分。

在担任过部门经理之后，我对部门管理已经略有心得。

能遇到一位优秀的助理，这是缘分也是我的福分，小 G 绝对是一位挑剔的姑娘，与其说她做我的助理，不如说她作为服装公司一名资深的业务员在考察我这么一个"不懂行"的上司的能力。

我准备建立两个部门，首先征询她和另一位业务能力强的小伙子的意见，一个市场部和一个营销部，问他们是否愿意领队，他们两个均答资历与能力不够，只能做主管。

我让他们两位各自遴选他们未来的上司，同时告诉他们的上司，他们是被我的两位助理遴选出来的，于是他们建立了一个相对稳定的合作团队。在信息管理上，我采取了公正的处理方式，将市场信息公开透明地分配给两个部门，并引入竞争机制实行月度考核。一个月后，初见成效，三个月后，一支二十六人的销售团队建成，公司已经进入武汉职业服装制造业前三强，回归昔日荣耀。

这段经历让我在商业实战中感悟到了企业人性化管理的重要性与必要性。小朋友们说得最多的是，把事情做好，不要被李总"嚼"（唠叨）。两位部门经理虽然年龄略大于我，在两个月以后终于由原来的不服气到心悦诚服地对我说："我们承认在综合管理能力上不如你，我们愿意听你的。"凭的是什么？公平与透明，对部门管理的不偏不倚，褒奖都在明处。三个月后，W总与家族长者共同与我面谈，希望我出任常务副总经理，我答应了。他们诚恳地对我说，生产部门一致认为公司在我担任副总以后是人心最齐的时候，业绩也是有目共睹。没有什么比这些甚至没有跟我说过一句话的生产车间的工人的认可更激励人的。

在此期间，我一直保持着朴素的习惯，针对每天出现的管理问题，饶有兴趣地学习新知，记录笔记，探索与思考。用尊敬的北京市盈科律师事务所梅向荣主任的一句话说，"唯一不变的是改变"。

05　为了律师袍

2004年，为了律师袍，我正式回归律师行业，历经实习律师、专职律师、合伙人、高级合伙人、股权高级合伙人、管理合伙人，经多次转所后，现执业于北京盈科（武汉）律师事务所。

律师袍，重要吗？我的外婆是法官、舅舅是检察官、表妹是法医、妹夫是警察，家里还缺一位律师才能组庭，所以我得上。

律师袍，重要吗？作为法科毕业生，通过法律职业资格考试，才有资本说自己是一名合格的法科毕业生，穿上律师袍，才能无争地证明这一点。

回望来路，无论是经验还是处事风范，那时的我是如此青涩，有的只是一个敬业尽责的态度，这些前辈们有足够的机会与权利去选择更优秀的律师，他们却为我的缓慢成长给予了宽容，这些善待让我少受了许多挫折，得以认真地对待法律专业，继续学习与思考。我是何等感恩！

前些日子有朋友再次邀请我回归公司，我心里一阵温暖，感谢这些新老朋友，他们让我再一次想起过去。

现在我有能力来做他们的幕僚，我和我的团队致力于和他们共同成长，我们会精诚服务于他们的商业与诉讼事务。

偶尔坐在十七楼家中的阳台上喝茶，望着窗外流淌的长江水，悠悠心绪飘向远方。

有一个勤奋青年，在船上穿着油兮兮的水手工作服给机器加油，清洗船甲板，姿势潇洒。

那个面相稚嫩的副总经理，与一群年轻的同僚在营销商品，锐意进取，拼搏未来。

曾几何时，身为公司总经理，我却鬼使神差地为公司取了一个与国内知名律师事务所同名的商号。当我脱口而出这个名字时，我怔住了。

我才想起，有一件事情，我没有完成。就如，去写一本自己的人生小记，是我的目标之一一样。

我不知离她有多遥远，但不曾忘记。

那一件律师袍，静静地挂在衣橱里，等待着她的主人，随时出征。

关于律师袍，故事，还会继续……

做仲裁员的律师

法庭的审判，需要灵巧的智慧、敏捷的思路以及瞬间决定应对的能力。优柔寡断，往往会招致失败。有时候，场上的情况又要求律师有自控力，不论内心多么焦急忧虑，外表上必须像平静的池水一样沉着冷静。

——［美］克莱伦斯·丹诺律师

随着年龄的增长，转眼接近知天命的年纪，每每想到这一点，多少觉得有点离谱，日子咋就过得这么快。但这是现实。

越来越多的人喊我老李，包括那些年纪比我长一点的老朋友们，我也开始习惯。

第一个喊我老李且比我年长的朋友应该是郑总。

老郑是湖北广东商会的副会长，为人低调平和，让人感觉没有脾气。我们的相识是在广东商会的会议上，那时我还是湖北广东商会监事会监事。

老郑与我进一步的交集则是因为他的案件，那时还不能叫案件，他就遇到的建设工程施工合同纠纷咨询我的意见，简单地说就是他是施工方，他的上家总包方欠了他的钱，造成他欠了下游一屁股债，典型的千万"负"翁。

面前两条路：诉，或者，不诉。那些年经济不景气，想通过谈判提前回款的可能性几乎没有，除非对方董事长是他亲戚。

老郑在商场摸爬滚打多年，从不与人红脸，从未告过任何人，也从未被人告过。在商场上，这么多年没有被人告过，可以算是业绩卓越了。

一向平易近人的老郑在听完我的分析以后，得出明确无误的结论：诉！这是实现债权的唯一途径。

临走时我友善地拍了拍他的肩膀，提醒说："不要抱有幻想。"

他神情凝重地握了握我的手，说他考虑考虑。

这一考虑就是一年，直到他再次打电话来约我见面，我诧异地问他："还没有起诉吗？还没有拿到钱吗？"

他说："没有。"没有起诉，没有拿到钱。

我说："你如果决定不起诉就不必来见我，这样的谈话是浪费你我的时间，你不过就是让我再复习一下你的案件而已。我没有时间复习。"他说："这次我决定起诉了——对方的合同设定有仲裁条款，严格说是'申请仲裁'。"

他在案件中倚重我，除了我会讲广东话的原因以外，另一个更重要的原因就是：我有担任首席仲裁员的背景和经验。

案件在首次谈话中并没有给我留下疑难复杂的印象。所以我交给了我非常信赖的搭档杜律师，在多起高级人民法院以及最高人民法院审理的建设工程施工合同纠纷案件中，他完美地担任了我的辅庭律师。我对他是绝对信任和放心的。基于此，在签署了委托代理协议以后，我甚至没有管这个案件的进展。

01　申请首席仲裁员回避

优秀的律师通常有能力透过庭前与书记员、仲裁庭秘书的沟通感知本案未来的走向，这对于杜律师这么温和英俊的帅哥来说，并不是难事。这一点，杜律师的经验足可信赖。

我没有想到的事情竟然发生了。某日，杜律师忧心忡忡地跟我说："这个案件的走势似乎不妙。"

因为对杜律师绝对放心，这个案件我甚至没有打算出庭，郑总对杜律师也比较了解，每次谈话都有我们三人同时在场，应该没有问题。

首席仲裁员来自北京的一家国有企业，似乎还担任法务部负责人，但从首次庭审中我可以清晰地感知他不是法律专业科班出身。这不是问题的根本，但在我看来他确实有失误之处：

（1）他坐下来说的第一句话是："我的庭审时间只有两个小时，我需要赶火车回北京，我明天还有事。"

（2）作为首席仲裁员，拥有合议庭最大的权力。他在开庭前居然要求将我方建设工程文档复印五套，包括建设工程全套图纸——这是我出席庭审十五年以来第一次遇到。仅复印费就花费了近五千元人民币。提交合议庭后其他仲裁员只说了一句"我们看不懂，这个需要鉴定机构给出结论"，近五千元就白花了。

（3）在首次庭审中，首席仲裁员居然直接"告诉"我，对于案涉合同，本庭认为是有效的，这立即遭到了另外一位边裁的反驳："我需要声明，首席刚才的观点不代表仲裁庭意见，这不是合议庭观点。"

（4）显然首席仲裁员在开庭前没有仔细研读案件，以至于在整个庭审中我不得不以"我也是仲裁员"的身份提醒他忘记了对事实要点进行询问。我婉转地说："因为您没有提问，所以我不得不请求多说一些关系到裁决要点的事实与证据，麻烦秘书记录一下。"我特意向秘书强调了一句："我很抱歉这么说。"

针对我在辩论中所表达的"我方不能认可首席仲裁员刚才谈论的关于……的论点，我们不确定此观点是否构成合议庭意见，请仲裁庭明确，并且需要记录在案"，首席仲裁员非常投入地与我进行辩论。直到另外一位边裁打断说："我认为刚才的观点不能构成仲裁庭裁决意见，请秘书记录下来。"

首次庭审后，我通知郑总来见我，我眉头紧皱。

我说："我想跟你商量要求首席仲裁员回避。"我接着谈到了上面所写的理由。

对于一向与世无争的郑总来说，这种最直接地挑战仲裁庭，而且是挑战首席仲裁员的方式是他想都不敢想的，虽然在庭上的他也感受到了仲裁庭成员水平尤其是首席态度上的极大问题。

可怜的老郑最终还是同意了。

因为我也是仲裁员，从情感上说，我并不希望提交正式的回避申请，这多少还是有些伤人自尊。我将此意婉转地与仲裁庭秘书进行了交流，言下之意是他最好自动退出本案审理。

数日后，我们收到了秘书通知：首席仲裁员因为工作原因退出本案审理，首席将另行指定（除非仲裁双方共同指定）。我的意见是我方请主任指定。

02　败中求胜

尽管我在仲裁庭上"秀"得英勇，但新任首席仲裁员的首次开庭，让我强烈地感受到一种刀锋的寒冷扑面而来，冷到心头。

显然新任首席仲裁员已经知道前任首席被撤换的事，知道我也是仲裁员，还是建设工程领域核心首席仲裁员之一，他在开庭的开场白中婉转地表达了敬意与谦虚。因为他也非法律科班出身，所以他在庭审措辞中流露出来的个人预判的信息量要超过那些老道的、具有法律专业背景尤其是退休法官或资深律师背景的首席仲裁员。

我已经意识到，仲裁庭的倾向性的裁决结果极为不利，我们可能败诉。

这意味着我们原本关于工程总价款的请求额将从 900 万元锐减到不超过 50 万元。对方律师年纪与资历都在我之上，他的眼神与肢体语言，已经显示出绝对的胜利者姿态，并且表示了"原则上不调解，反正你们已经做了诉讼财产保全"的意见。

造成这种状况的原因在哪里呢？原因在于对合同性质的认识。简单地说，就无效建设工程合同而言，案涉合同到底是固定总价合同还是固定单价合同——此时的首席仲裁员以及在他组织下仲裁庭对合同无效形成一致意见，这点在他的庭审措辞中就已经表明了。

如果属于固定总价合同，我们就败诉；如果属于固定单价合同，我们则胜诉。

仲裁庭倾向于固定总价合同，因为案涉合同中有一句话："总价不予调整"。

另外一个尖锐矛盾来自工程造价司法鉴定。基于前述关于固定总价合同还是固定单价合同的争议，被申请人坚称总价固定则没有任何进行造价鉴定的必要，因此不同意鉴定，在其后的鉴定阶段也不配合鉴定。

善意的首席仲裁员显然接受了我的观点：本案并无必要对整个工程进行鉴定，只需要处理争议部分即可。

其后的鉴定工作推进过程变得格外艰难，面对对方律师意在拖延时间、混淆视听的所谓"策略战"，我安慰老郑："你现在终于感受到严冬了，就是说春天已经不远了。"这种诗意的表达并没有缓解当事人的现实焦虑。

但他也不得不随同我的工作节奏行进：带着诗意，迈向远方。

当事人是看不到的，在此后的许多个夜晚，我在孤灯下一遍一遍地查阅合同，思考这份极其讨厌的合同的逻辑结构——看起来颇有些自相矛盾的前言和后语。在网上一篇接一篇地查阅相关案件的判例以及论文。这些几近疯狂的案件研究工作之后，我慢慢有了拨开云雾见青天的感觉。

两次庭审下来，因本案被我重新界定为"高难度案件"（他知道这个词我很少用），可怜的老郑也被吓傻了。

03 付费咨询

毕竟是老江湖，心理素质还是不一般。老郑的态度是：如果这个案件老李你都搞不定，我也只好认衰了。

在此期间，捉襟见肘的老郑居然同意了我的建议：另行向我支付一笔咨询费（我需要向更专业的建设工程专业人士咨询）。

实践证明，付费的咨询与免费的咨询效果是不一样的。

身为造价师的铁杆姐们儿同意在详细阅读我提供给她的全套案卷材料后再与我讨论。这次讨论使我对建设工程造价层面专业的理论问题有了进一步的认知。

此时我意识到，仲裁庭研究案件的深度不可能达到这种专业程度，即便我自己担任本案首席仲裁员，我的专业能力也不足以认知如此深度的关于工程造价层面单价约定的内涵。

问题在一点一点解决，我承认，当初低估了这个案件。

更深度层面上，我是高估了仲裁庭的专业性。

我前所未有地意识到：重大疑难案件中一位敬业的律师、一位有激情的律师是何等重要（这点上我是问心无愧的）。

04 参加培训

从诉讼经验的角度来说，说服法庭是绝对需要技巧的。

举例来说。用法庭审判长过去审理的案件来说服他/她参照其中的某一个判决裁判本案是一个比较有说服力的做法。这种做法越来越多地被律师尤其是年轻的律师们使用。

为了处理本案，我特地参加了两次培训：一是作为核心仲裁员之一参与了我所在的仲裁委员会组织的关于建设工程造价鉴定的专题培训；二是基于本案剩余的在我看来依然是未解之结的疑惑，参与由最高人民法院某位资深法官详细讲解的《关于审理建设工程施工合同纠纷案件适用法律问题的解释（二）》的起草过程的培训。

我特地带着对本案的疑惑在课后请教了授课老师关于本案的观点，他在理论层面高屋建瓴的分析让我茅塞顿开。

一切来得都那么及时。我不止一次带着一点自吹自擂地对老郑说："你真的不知道你有多么好命。如果这个案件最终败诉，你也可以不必再花钱请律师改判了。不会有律师比我更尽力了。"

05　力挽狂澜

截至本文写就，本案尚未裁决，但一切已经进入我们预期的轨道：

（1）鉴于被申请人拒绝确定争议建设工程施工部分，仲裁庭决定同意申请人关于对案涉工程进行全案鉴定的请求。经过沟通，鉴定机构同意单独对我方认可的争议部门单独出具分项意见。让我感激涕零的是，率性的鉴定机构首席造价师直接在庭上告诉被申请人：我们认为本案是典型的固定单价合同，总价应该据实结算！很遗憾老郑当时不在场，否则老郑该要落泪了。

秘籍在哪里？我只是在鉴定前恳求秘书将我亲自起草的对于整个案件的分析意见随同案件移交鉴定机构，同时请求秘书告诉首席造价师我也是首席仲裁员。我在很多场合对年轻律师灌输：机遇永远垂青有准备的人。

（2）仲裁庭第三次开庭时，首席仲裁员直抒胸臆地表示：本案之所以三年未决，是因为被申请人的极度不合作态度，鉴于此，仲裁庭亦表示，胜诉不是靠滔滔辩才来实现的，需要面对现实。

本案还没有判，但本案的工作经历足以支撑我成为更优秀的建设工程专业律师以及建设工程专业首席仲裁员。

祝可怜的郑总好运！

2020年年初，如此的严冬，但它不可能永远不走！

冬天已来，春天还会远吗？

补记：本书出版时，仲裁庭已做出裁决，支持我方大部分仲裁请求，委托人基本实现其既定利益诉求。我在跟老郑通报裁决结果时开玩笑说："你以后千万不要在签订合同时选择仲裁程序了，别人选仲裁是'玩'程序，你选择仲裁是'玩命'啊。"电话彼端的老郑虽然连声道谢，依然心有余悸。

做律师的仲裁员

可怜的申请人们在他们的祈祷词中诉说：

"上帝啊，请指派给我一位专业且敬业的委托代理律师吧!"

——李军

我在《做仲裁员的律师》的小文中，从一个侧面介绍了具备一定专业经验背景的律师对于解决一些专业性较强的问题是有得天独厚的优势的。

在该建设工程分包合同争议案中，我担任仲裁委员会首席仲裁员的工作经验、思维方式以及在对仲裁合议庭的首席仲裁员的观点影响力方面是存在优势的，毕竟我是该案代理律师。在笔者写落这些文字时，该案尚未裁决，但作为一名律师，关于该案的处理，还是值得总结和回味的。

上文说的是具备仲裁员工作经历的律师视角。那么，从具备律师工作经历的仲裁员的视角，又是如何呢?

我尝试着做一些肤浅的记录，以飨读者。

过去的一年，我作为律师，接受当事人委托担任代理人向中级人民法院申请撤销仲裁裁决，在案件执行阶段我们依法向执行法院申请了不予执行仲裁裁决，同时，我也担任仲裁委托代理人出席中国国际经济贸易仲裁委员会庭审。

过去的一年，我作为仲裁员，在武汉仲裁委员会担任首席仲裁员或独任仲裁员，主持了数十起仲裁案件庭审并做出裁决。

每一个经过裁决的案件，都会有败诉一方，败诉一方通常会提出撤销仲裁裁决申请，这个过程我相信对于那些败诉的当事人和代理人而言是非常煎熬与期待的。

截至目前，由我做出裁决的案件还没有一件被中级人民法院撤销。我自己知道，做出一份裁决是何等的如履薄冰以及需要何等的审慎。

我问心无愧。

这种兼有运动员与裁判员的经历是非常特别的，以至于我在出席庭审时会比一般律师更清楚法官的审判思路，甚至在担任初任仲裁员时我还"喧宾夺主"地在法庭上抢审判长的话（尴尬一笑），但当法官知道我担任仲裁员后，事情反而变得更容易沟通。

站在仲裁员的视角看仲裁，我觉得还是有些观点可以总结的。

（1）仲裁庭和法庭一样，并不是单纯靠律师的口若悬河就可以胜诉的，仲裁庭和法庭都不是一个单纯的辩论之地，而是需要当事人用事实与证据请求仲裁庭支持己方观点以达到胜诉目的的地方。一名不以证据说理只凭饶舌的律师在仲裁庭上并不受待见，认识到这一点的律师通常在仲裁庭上会展现得更懂得司法礼仪，举手投足之间透出更多自信，要做到这些，在我看来，只有注重对证据与法理的把握。一点善意提示：关于委托代理人出庭人数问题，仲裁法规定不同于民事诉讼法，并未规定代理人人数"不得超过两名"，所以对于重大疑难案件，可以考虑委托多位律师出庭。但在仲裁实务中，似乎不同的仲裁委员会会在理解与执行中存在不同。

（2）对于没有经历过法学理论训练的当事人来说，申请仲裁而不聘请律师是很有风险的事情，当事人极有可能因为不懂仲裁程序、期限、举证责任等而败诉。为此，我专门写了一篇《仲裁险滩》的小文收录于本书，试图善意忠告缺乏优秀律师支撑的可怜的当事人们。我想特别声明：我热爱仲裁工作，我以担任仲裁员为荣。在另一篇《仲裁那些事儿》的小文中，我亦说到关于仲裁的诸多优势。请读者诸君理性判断。

（3）不一定每一件有理的案件都胜诉，可能因为举证不利而败诉；也不一定每一件无理的案件都败诉，可能也是因为想胜诉的申请人自己举证不利而不被支持。所以，作为仲裁员，在签发一份裁决书的时候，我没有告诉你，作为仲裁员的我们，是维护了公平？还是维护了正义？还是维护了公平与正义？对于败诉的一方当事人的律师，在看完了裁决书以后，我想他/她也不一定会告诉作为当事人的你，但在他/她的内心是清楚的。

（4）一定程度上，仲裁庭和法庭不一样，仲裁庭更注重对结果的追求，法庭则必须同时追求程序正义与实体正义。所以，一场有效的辩论或许可以起到力挽狂澜的作用——因为引起了仲裁庭对事实判断的颠覆性认知。有一个案件，原本有理的当事人因为他的代理律师的不敬业而几乎没有向仲裁庭提供有效的证据来证定己方主张，而仲裁程序又是一裁终局。面对这种两难的局面，作为本案首席仲裁员，我不得不循循善诱地希望另一方当事人及其律师能够以事实为依据，不要恶意利用仲裁规则，善良的被申请人接受了我的提议，对一些申请人一方无法提供证据的主张予以认可，由此免除了对方当事人举证的责任。这种处理方式，若在法庭上则可能被视为程序违法（可以探讨）。

（5）仲裁程序类似法院审判程序，但仲裁程序中仲裁员的自由裁量权相对更大，因此需要申请人在申请仲裁前尽可能充分地准备证据，同时被申请人需要积极且充分地应诉，缺席庭审的风险是极大的。在一起装修合同争议案件中，因为被申请人缺席庭审，我作为独任仲裁员最终支持申请人的请求，认定被申请人构成装修欺诈，支持申请人提出的双倍赔偿请求。过于自信本以为无非是"退款了事"的被申请人接到裁决书后大惊，申请撤销裁决，失败。

（6）案件在审理的过程中，当你的诉求遇到可能不被支持的风险的时候，你需要冷静面对。积极针对首席仲裁员的观点与思路在庭后补充材料与分析论证是我善意的建议。因为案件一裁终局，我相信每一位首席仲裁员都深知自己裁决的分量，还是愿意倾听代理律师的建议的，一位让首席仲裁员感觉经验丰富、敬业、专业的律师的观点会被特别关注。

（7）仲裁庭更多的时候通过办案秘书处理程序问题，有经验的律师会在案件审理过程中与办案秘书保持良好沟通，这会让其代理意见更有效地被首席仲裁员看到或听到。所以我想善意提醒我的那些年轻的学弟学妹，你可能会觉得你在仲裁庭上的表达不够充分，甚至还可能出现表达错误，建议在第一时间通过电话与仲裁庭秘书沟通，坦诚地请他们理解年轻则意味着经验不足，但作为律师，我们需要最大限度维护当事人的合法权益，而不能让可怜的当事人承受"我们的经验不足之痛"。同样，年轻的秘书们通常会理解并可能会支持你的诉求，至少会同意将你的后续的观点转达给仲裁庭，由此你便有了更正的可能性。你的努力，当事人会看在眼里，仲裁庭亦会感知你的勤勉。这时，仲裁庭的"自由裁量权"会起到微妙的作用。你可以不够优秀且缺乏经验，但作为律师，你绝对不可以不——敬——业。

（8）申请撤销仲裁裁决与申请不予执行仲裁裁决在处理程序中的规则基本相同，但重点是，当你在申请撤销仲裁裁决程序中已经援引的观点不被审判庭支持后，该观点如在申请不予执行程序中再次使用会被无情驳回——哪怕该观点确实有理，这是因为法律的规定如此，所以，处理此类案件的程序中需要一位经验足够丰富的仲裁专业律师参与。

（9）遇到仲裁员缺乏专业素养或者存在违规行为，可以毫不犹豫地投诉，但不要无理投诉，这样会搬起石头砸到自己的脚，仲裁员也是凡人。在一起建设工程案件中，因为首席仲裁员极其不负责任，理论功底差，且不敬业，又缺乏组织庭审经验，重要的庭审观点甚至是在我的婉转提示之下才提出，为了委托人的利益，我思虑再三，决定对其提出投诉，该仲裁员被撤换。

（10）作为首席仲裁员，我深信没有两个案件是完全相同的，就如同世界上没有两片完全一样的树叶。鉴于此，为了更好地处理案件，我愿意倾听出庭律师以案例及裁判要旨来进行说理，提交相应的案例与文章有时可以起到画龙点睛的作用。在一些特定的案件中，使用可视化图表也会起到这样的作用，但不能过度使用。复杂的可视化会招致仲裁庭的反感，需要谨慎行事。

尤其对于一些重大疑难案件而言，当事人最大的幸运应该是有一位专业且敬业的律师作为仲裁委托代理人。

祝愿每一位仲裁申请人好运！

仲裁险滩

01 诉 否

各位知道，除了诉讼之外，替代性商事争议解决程序还包括和解、调解、仲裁等。所有裁判者都会善意提醒当事人不要"敢于"打官司，出庭不是逞一时之快，从起诉/申请仲裁到获得裁判结果是一条漫长的道路，当事人需要仔细衡量诉讼的时间成本、金钱成本，当事人需要评估自己能否应对诉讼过程中的对抗性场面，亦需要预判是否能够达到预期的结果。

无论是诉讼还是仲裁，都是一场战争。每一位出庭的律师都了解这场战争的残酷性，非到不得以，绝不轻易言战，"不战而屈人之兵"是商战的最高境界。

笔者试图透过这些小字讲述一些应对诉讼的知识与经验，但笔者更想表达的观念则是面对法律争讼的一种理智预判。

如果你需要诉讼，无论是通过诉讼还是仲裁的途径（以下统称为"诉"），至少需要思考以下几个方面的问题：

（1）是不是必须要通过诉的途径？

（2）我们的证据齐备否？

（3）是否需要聘请律师？

（4）案件启动的时间成本及金钱成本是否能够承受？

（5）案件未来的走向如何评估？

02　仲裁风险

笔者的法律职业身份分为两个角色：律师及仲裁员。有这样经历的律师当然不止笔者一个，许多资深的律师都在一个或者多个仲裁委员会担任资深仲裁员。在此小文中，主要想谈谈仲裁风险问题，希望当事人透过这篇小文能够读懂仲裁程序不同于诉讼程序的风险，从而在商事活动中慎重处理仲裁条款。

一、仲裁的"利"

1. "一裁终局"

法院诉讼实行"两审终审制"，而仲裁则实行"一裁终局"，从终局性解决商事争议的效率角度而言，仲裁无疑是优选途径。

仲裁充分尊重当事人的意愿，是否运用仲裁方式解决纠纷、到哪家仲裁机构、由谁来主持解决纠纷等，都可以由当事人自主选择。主持解决纠纷的仲裁员都是各行业的专家或学者。仲裁机构在双方当事人订立合同时就已约定，在出现争议时充当"娘舅"的角色，"娘舅"说了算，一旦裁定对双方都有法律效力。

2. 保密性

大家知道，诉讼裁判结果现在都是要公开的，有关信息不存在保密性的问题。仲裁庭审理案件则具有"保密性"，案情不公开，裁决结果不公开。

3. 高效率

相对诉讼两审终审的审判程序而言，仲裁程序总体费用略低，审理期限相对较短，裁决效率较高。这是仲裁程序的优势。

当然，仲裁程序的优势绝对不止以上三条，但这是足以吸引理性商业决策者的优点。

二、仲裁的"险"

1. 如遇裁决不公，谋求改变极难

按照《仲裁法》的规定，仲裁是实行一裁终局的。如果你的案件败诉，则需要在收到仲裁裁决书之日起六个月内向仲裁机构所在地中级人民法院申请撤销仲裁裁决。如果认为存在法律规定的事由，你亦可以依照《仲裁法》规定在执行阶段向执行案件受理法院申请不予执行仲裁裁决。

笔者关注了中国国际经济贸易仲裁委员会所在地中级人民法院即北京市第四中级人民法院在网络上公布的 2018 年度受理撤销仲裁裁决申请而做出裁决的案件，该院在该年度做出的撤销仲裁裁决的比例是 0.8%，换言之，做出不予撤销仲裁裁决裁定书的比例是 99.2%。

同样是民商事案件，在法院系统，上诉审法院对一审法院判决的案件做出发回重审或改判的比例通常不会低于 10%（这个数字不一定精准）。

虽然当事人有权向中级人民法院申请撤销仲裁裁决，但为什么改判概率是如此之低呢？

法院审判两审才终审，但按照仲裁法规定，仲裁裁决实行一裁终局。换言之，除非出现了法定情形，否则人民法院不得撤销仲裁裁决，这就是裁决书的既判力。

通过比较《仲裁法》第五十八条和《民事诉讼法》第二百三十七条，读者会发现，关于前述两个程序启动的法律规定非常相似，几乎可以得出一个结论：如果法院做出不予撤销裁决的裁定，那么执行程序中执行法院很大可能做出驳回不予执行裁决的裁定。

真的是仲裁裁决的公正性比法院判决的公正性强吗？

虽然笔者本人担任仲裁员，但也需要诚实地说："并不是！"

中级人民法院在审理申请撤销仲裁裁决的案件时不对仲裁案件的实体审理内容进行审查，只审查仲裁案件的程序问题。也就是说，即便是实体裁决内容存在不公正，也会被解释为仲裁庭有权根据事实与证据对案情做出评判，并根据自身对法律的理解做出裁决。当事人一旦在其商事合同中选择仲裁程序，一裁终局地解决其商事争议，则意味着合同双方当事人同意承担基于仲裁庭对法律的理解而可能产生的不利裁决风险。

2. 从裁判角度来说，仲裁庭的专业化程度弱于审判庭

笔者想在此善意提示商事合同缔约人：如果你身边没有经验足够的商事律师（他们应该拥有丰富的诉讼与仲裁经验），原则上不建议当事人在重大交易中选择仲裁程序。这里所谓的重大交易是指金额巨大、交易周期较长、证据量大、涉及人员众多等方面。

仲裁员通常来自社会各界，包括法律专业人士与非法律专业人士，除非出庭律师专业性足够，否则仲裁庭在审理（程序法及实体法）上可能不足以承载案件本身的法律专业度，仅就证据的采信而言，涉及证据形式、证据链、举证责任分配、举证期限等多方面。通俗一点说，出现合理不合法的裁决结果的概率相对法院审判程序而言更大，从审判的角度而言，这叫"不公平"，从仲裁的角度而言，更多的是一种"自由裁量权"。

商事争议无法在事后判断一方"绝对错误"或者"绝对正确"，争议常常存在于"灰色地带"。不论该"灰色地带"的大小，既然难以从事后判断是非，则仲裁庭可能做出由各方各自承担部分责任的裁决，只是责任承担的比例不同而已。从这个角度而言，法律风险的管理就显得格外重要。

对于以上结论，你接受吗？律师看了这样的裁决书，通常会义愤填膺地告诉你："太不公平了，必须向法院申请撤销仲裁裁决。"

但裁决可能被撤销吗？通常不大可能。

原因在哪里？这是仲裁庭关于实体部分的判断。笔者把它解释为，仲裁庭有权不按照民事诉讼法规定的程序做出裁决。客观上，

仲裁法以及仲裁委员会仲裁规则对仲裁程序的规定相对宽松，比如对证据的理解，通常诉讼与仲裁在结论上会出现不同，原因多半在此（当然并不绝对）。

这点足以造成针对同一个证据链，仲裁庭与审判庭做出事实认定不一样的结果。

3. 如何降低仲裁的风险

简单地说，你需要最大限度地降低由于仲裁庭认知存在不确定性而造成的潜在风险，选聘合适的律师是唯一的忠告。关于如何选聘，笔者将在其他文章中介绍。

作为仲裁员，笔者并不是贬损仲裁机构，而是善意提示当事人，如果你的商务团队缺乏经验丰富的诉讼律师，你最好选择诉讼程序解决商事争议，尽量避免仲裁程序。因为仲裁程序对当事人参与仲裁程序的能力——在仲裁程序中自我保护的能力——要求更高。

4. 无论诉讼还是仲裁，即便聘请律师依然存在风险

站在仲裁庭的视角，绝大部分商事争议当事人都会聘请律师担任代理人出席仲裁庭审，但为什么会出现败诉的一方呢？从实务的角度而言，主要是"法律关系不清"或者"请求权基础不明"造成的。

所谓法律关系分析的方法，是指通过理顺不同的法律关系，确定其要素及变动情况，从而全面地把握案件的性质和当事人的权利义务关系，并在此基础上通过逻辑三段论准确适用法律，进而做出正确判决的一种案例分析方法。这一方法的主要特点是，明确双方核心争点，分析法律关系性质，并确定法律关系的内容是否存在变动，最后根据逐渐抽象出的小前提，选择适用关联法律，得出最后的裁判结论。

请求权基础分析法又称为请求权规范基础检索或归入法、涵摄法。该方法通过考察当事人的请求权主张，寻求该请求权的规范基础，从而将小前提归入大前提，最终确定是否能够得到支持的裁判

结论。请求权分析法从当事人的诉讼请求出发，以案件事实为依据，检讨当事人的诉讼请求是否具有法律依据即请求权基础，从而依法支持或驳回当事人诉讼请求的民法适用方法。其法理之构造为："谁得向谁，依据何种法律规范，主张何种权利"，也称之为"找法"，即寻找该请求权的实体法依据，尤其是现行法律依据。

以上是两段生涩的法律概念，笔者想借以表达的是，案件裁判结论的做出，是一个极其专业的过程，法官们尚且推理不易，何以当事人觉得自己能够搞定而不需要专业律师的介入。即便有律师的介入，案件仍然存在败诉的可能性。

5. 通常的败诉原因分析

笔者尝试对律师们败诉的根本原因做一些分析，只是为了给当事人一个感性的认知，并不全面：

第一，事实不清。有一个有趣的问题：到底是根据事实来组织证据？还是根据证据来组织逻辑语言进而展现事实？

在回答此问题时，你有必要搞清楚裁判的逻辑，可能会有点颠覆你的三观，但绝对很客观，即：无论是法庭还是仲裁庭，我们并不是案件的当事人，我们并没有亲历案件的全过程，对于仲裁庭与法庭而言，能够通过证据来证明的事实即法律事实才是裁判的基础，至于客观事实本身——这不重要。

换句话说，你冤不冤，这对于仲裁庭或法庭来说，也不重要。

重要的是你如何向仲裁庭表述事实——那些能够通过证据来证明的事实。

看到这里，你可能意识到最重要的一个问题，那就是仲裁员和法官是裁判，你是想请求他们采信你提出的证据，进而支持你提出的仲裁或诉讼主张（请求）。

所以，你提出仲裁申请书或起诉状时，需要虔诚一点、专业一点、慎重一点，你是先和你的律师讨论证据，还是先写好仲裁申请书再去组织证据?

无论如何,最后的结果是:你提交给法庭或仲裁庭的文件与证据必须是"书证合一"、相互印证的,否则,拿到裁判文书,你会后悔与自责的。

一个案件事实不清,通常是因为证据的逻辑脉络没有搞清楚。确实有一些本该胜诉的案件败诉了。在笔者看来,这些案件多半输在了在法庭上对事实表述不清,当事人(包括律师)不清楚,不能怪法官不清楚,因为那不是法官的义务。证明自己的诉讼/仲裁主张是当事人的义务。在笔者担任首席仲裁员的一个建设工程施工合同争议案中,申请人提出了支付工程款尾款的仲裁请求,金额约为五十万元,被申请人提出反请求,要求申请人一方承担因未依照合同约定提供税务发票而造成的经济损失以及违约金共计四百余万元。这对于双方当事人而言,是一场恶仗。经过庭审,仲裁庭做出高度一致的裁决,支持申请人的全部请求,驳回被申请人的仲裁反请求。问题出在了哪里? 通过审理查明,之前的税费是申请人一方以被申请人之名义向税务机关清缴的,至于被申请人所说的"未缴付的税费部分",实际上尚未发生且其并无证据表明必然发生。至于违约金之仲裁请求的不予支持,则是因为双方争议的合同为无效合同,支持违约金的仲裁请求缺乏法律依据。再举一个例子,在一起关于对赌协议的案件中,双方当事人约定了回购权条款,同时双方在补充协议中约定了"本协议自双方签字时成立,自本协议经股东大会批准之日起生效"。但在后来的仲裁庭审中,面对该显而易见的"合同成立但未生效"的抗辩观点,被申请人律师却答辩称"对赌协议约定无效",惨败!后向法院申请撤销做出的裁决未果。该案涉案金额高达四千万元,教训着实惨痛。问题出在了哪里? 代理人未将案情吃透,在阅卷时犯了严重的经验主义错误,当事人不得不品尝苦果。

第二,请求权错误。比如说,当事人的请求权是基于合同无效所产生的法律后果，还是应当基于不当得利而确定，不同请求权的举证责任要求是不一样的，比较典型的案例就是合同争议中侵权责任与违约责任所产生的经济损失赔偿范围问题。在笔者担任独任仲裁员的另一起空调安装工程合同争议案中，双方当事人对于空调是否有质量问题争执不下，为了判明事实，仲裁庭联络了生产厂家会同双方当事人直接到申请人家中即安装地点实地进行检测，以确认到底是产品质量问题，还是施工工程质量问题。通过辩论，仲裁庭最后认定"原始设计意图与申请人实际使用效果之间的差异性导致了本案的发生"。通俗地说，申请人的房子太大，住的人并不多，但每个房间都安装空调，同时使用产生的噪声必然大，申请人因为对噪声的极度反感而在多次协调未果的情况下提出本案之诉。在确定这点之后，仲裁庭对本案进行了调解，基于企业信誉的考虑，空调生产厂家主动配合买方进行了调整，但买方对后续赔偿责任及违约金的索赔仍坚持仲裁请求。最终，仲裁庭在确认双方当事人在庭下达成的和解协议的基础上对其他仲裁请求不予支持。在裁决书中，仲裁庭认为，"双方为达成和解而做出的让步应被理解为基于综合考量的一揽子的相互让步，除非双方在和解协议中特别约定，否则仲裁庭认为双方针对案涉争议再无其他争议"。即便在仲裁过程中，双方当事人达成的调解协议只要意思表示真实亦具有法律拘束力，这时候律师应当注意请求权范围可能出现变化而做出适当调整，经仲裁庭释明后，申请人律师坚持不做调整，仲裁庭只得做出驳回仲裁请求的裁决。这种坚持其实是不够理智的，有损律师在当事人心目中的地位——毕竟败诉了。

第三，以辩论代替举证。有些律师甚至混淆了"逻辑上的自信"与"举证责任"之间的辩证关系。前者的成立是需要后者支撑的，但实际情况可能是：因为自信而忽略了举证责任的（充分）承担。在笔者担任仲裁员的经历中，唯——次被申请人一方（代理律师）

在第一次开庭后申请回避本案审理，申请人的理由是：作为独任仲裁员，笔者在庭审过程中"斥责"律师"看图说话"。对于当事人提起的建设工程施工合同争议案件，代理律师居然只提供了一系列的照片来证明他需要证定的主张：用一张项目工地的照片而不是开工令来证明项目开工了；用一张数人在看起来完工的地面上"蹓步"的照片来证明"这是我们的验收工作"；对于工程的单价与总价问题，则表示"证据在被申请人那边，请仲裁庭依法裁决"。笔者能驳回全部仲裁请求吗？真的可以如此做出裁决。仲裁实行一裁终局，因为律师的不专业，断送了当事人的实体权利。这是笔者不忍心看到的。笔者只好一边叹气，说："申请人，你们这是要求仲裁庭'看图说话'啊"，一边委婉地"希望被申请人一方能够以事实为依据，是就是，不是就不是。"被申请人还是善良的，对案件的基本事实做出了实体回应，基本可以印证申请人一方所言，对于工程单价与总价也做出了回应，虽存在差距，但距离不大，裁决可以做出。在笔者准备再一次启动调解程序时，感觉在庭上丢了面子的"资深律师"向仲裁委员会提出了回避申请，笔者"愉快地"接受了——笔者差一点不能维护"正义"，但最终维护了"公平"！

仲裁与诉讼，这两种纠纷解决机制各有优缺点，在与他人订立商事合同时，对于是否订立仲裁条款，应该根据具体的交易特性来确定。

如果当事人本身并不太懂法，自身也没有足够的能力去遴选适合案件的律师，笔者建议尽量不要选择仲裁条款来解决商事争议。

在小文的结尾，作为作者、律师和仲裁员，笔者祝福各位读者尽量和气生财，少"惹"官司，如果你实在要"惹"，那么，先去结识至少一位足够专业、足够敬业的律师。

祝你好运！

仲裁那些事儿

　　仲裁委员会对于仲裁员的选聘五年为一届，2020 年，本届仲裁员任期届满，仲裁委员会将举行换届遴选，本次实行全员换届，所有人都需要重新申报。当然，仲裁委员会秘书处也向包括我在内的核心仲裁员们发出了邀请。这无疑是对我们公正履职的莫大肯定。没有什么比得到行业的认可更值得鼓励的。

　　我所在的盈科武汉分所有超过四百位同事，其中一些佼佼者也向仲裁委提出申报，个别同事还非常抬举地请我担当了推荐人，我受宠若惊。予人玫瑰，手留余香。在我看来，只有与高手为伍，才能使自己不掉队。

　　作为律师事务所业务指导委员会副主任，我答应管委会陶慧泉主任在仲裁员申报期截止前为拟申报的同事们讲讲"仲裁那些事儿"，索性就把这些要说的话写下来，既方便了大家，也让自己将来反省有个"证据"，知道自己进步在了哪儿。当然，也时常提醒自己"法海泅渡"，自己不过是"沧海一粟"，理论还很肤浅，只是态度还算端正而已。不必嗫嚅，"默默向上游"便是极好的（一笑）。

　　基于这本小书的第一批读者或许是我的那些拟申报初任仲裁员的精英同事们，所以这些文字不是法律"普及版本"，只是说些常规仲裁事件经验认知的"边边角角"，但愿对于包括他们在内的读者而言，其中有点"干货"。

01　仲裁与诉讼

大家知道，裁决书与法院判决书一样，具有法律强制执行力，不同之处在于，法院判决由于涉及一国的司法主权，只能在国内执行，不能在其他国家直接得到执行。但仲裁裁决却可以在世界上超过一百四十五个国家得到强制执行，这是基于我国加入的包括但不限于《承认及执行外国仲裁裁决公约》在内的一系列国际公约。

我在《仲裁险滩》小文中极尽善意地提醒缺乏足够法律专业支撑的当事人慎重使用仲裁条款，因为对仲裁程序缺乏理性的认知容易使可怜的当事人陷入"一裁终局"的泥潭，一旦败诉，可能会是"万劫不复"，起死回生者微乎其微。实际情况是，即便撤销仲裁裁决极其艰难，败诉之后申请撤裁的当事人绝对不在少数，既然如此，不如去约定诉讼管辖，而非仲裁管辖。

问题在哪里？如果当事人自己不是运用法律知识的好手，建议不要在风险大的仲裁险滩做"冒险漂流"，基于仲裁程序的"一裁终局"性，当事人需要慎重对待"法海泅渡"。

但我们也需要看到仲裁的优势，尤其是国际商事仲裁的优势，基于我们国家业已加入的国际商事仲裁的重要公约，国际商事争议解决的效率大大提高，成本较诉讼而言更低，这是极具有诱惑力的。

我还是想善意强调，当事人如果需要面对仲裁条款，那就需要一位具有足够丰富的诉讼经验和极其了解仲裁规则、具备仲裁实战经验的律师——哪怕诸君嘲笑我涉嫌"王婆卖瓜"。

相对于诉讼而言，仲裁程序是存在其自身特点与风险的。

02　仲裁庭

进入仲裁程序的第一个重要工作就是组建仲裁庭，进行仲裁员的遴选。选择仲裁员是法律赋予双方当事人的权利和义务，也直接关系到仲裁案件能否公正、及时地进行，当事人对此不可掉以轻心。

《中华人民共和国仲裁法》第三十条、第三十一条规定，仲裁庭由三名仲裁员组成合议庭或者由一名仲裁员组成独任庭，仲裁庭的组成人员由当事人双方在仲裁机构聘任的仲裁员名册中选定或者委托仲裁委员会主任指定。

选择仲裁员应把握三条原则：

第一，选择熟悉相关专业知识的仲裁员。

仲裁员均是仲裁委员会从资深的经济、法律专业人士中聘任的，一般来说，仲裁员具备良好的道德素质；但仲裁员的职业不同，其熟悉的专业知识也不同。选择熟悉相关专业知识的仲裁员组成仲裁庭仲裁案件，能更迅速准确地抓住争议的焦点，分清是非责任，提出解决争议的最佳方案，在调解不成时能够做出公正裁决。一旦当事人做出选择某个仲裁员的书面意思表示，若没有仲裁员应当回避的充分理由，这种选择是不能更改的。因此，双方当事人在选择仲裁员时应十分慎重。

第二，避免选择符合法定回避条件的仲裁员。

《中华人民共和国仲裁法》第三十四条规定，仲裁员有下列情形之一的，必须回避：（1）是本案当事人或者当事人、代理人的近亲属；（2）与本案有利害关系；（3）与本案当事人、代理人有其他关系，可能影响公正仲裁的；（4）私自会见当事人、代理人，或者接受当事人、代理人的请客送礼的。由于对方当事人享有对符合法律规定回避事由的仲裁员申请回避的权利，若由于对方当事人申请回避而使整个仲裁程序中止，则将延长仲裁的时间，对双方有害无利。

第三，必须在规定的时间内选择仲裁员。

各仲裁机构均有各自的仲裁规则，仲裁规则对选定仲裁员的时间均有限制。仲裁机构在受理案件后，会向双方当事人分别发出仲裁规则和仲裁员名册，双方当事人必须在仲裁规则规定的期限内选定仲裁员。根据《中华人民共和国仲裁法》第三十二条的规定，当事人未在仲裁规则规定的有效期内选定仲裁员，仲裁机构将视为当事人放弃该项权利，由仲裁委员会主任指定仲裁员组成仲裁庭。双方当事人对仲裁委员会送交的仲裁员名册必须仔细阅读，根据仲裁规则的规定慎重选择，行使好法律赋予的权利。

按照仲裁规则，对于那些"在庭审过程中才知道的应当申请回避的事实与理由"，仲裁当事人也可能会申请独任仲裁员或首席仲裁员回避，这些理由，多半是那些透过庭审已经感到"寒气袭人"、处于劣势一方的当事人及其代理人提出来的，企图通过申请仲裁员回避来改变颓势——当然，这个说法并不尽然。

当事人庭前或庭后提出的回避申请，绝大多数情况是无稽之谈，通常仲裁庭秘书会代表仲裁委员会主任礼节性地征求首席仲裁员意见，这时作为首席仲裁员需要理性看待。首先应该理解当事人——回避申请多半是那些敬业度不高但"馊点子"满腹的代理人提出来的（我很遗憾他们也多是我的律师同行），但当事人是无辜的，如果执意去维护首席仲裁员的尊严，那么当事人败诉后在那个"不称职"的代理人的蛊惑下会启动无休止的缠讼程序，由此浪费的是更多公共司法资源。我通常的做法是同意回避。一般而言，仲裁员会自行提出"特定事由"申请辞去本案仲裁员职务以避免纷争。

毕竟当事人是无辜的，只是他们的代理人不具备"原本应该胜诉的案件"的尽责履职能力。

顺便提醒一下：仲裁员不得在私下接触当事人及其委托代理人，更不得私下与仲裁代理人通话，哪怕是基于调解的目的——这些工作，仲裁员需要通过仲裁庭秘书进行。一些急脾气的新丁仲裁员可能容易出现这样的程序错误。最严重的后果是：你有可能被一方当事人申请回避。

03　仲裁管辖权

约定仲裁管辖顾名思义就是协议仲裁管辖，管辖权问题是仲裁程序必须解决的首要问题，是否存在仲裁管辖权，对于仲裁庭和当事人而言都是十分关键的问题，它是仲裁程序得以进行的基石和条件。管辖权的问题没有处理好，没有管辖权，即便做出了裁决书，也可能被法院撤销或者拒绝执行。

对于仲裁员而言，仲裁庭审工作需要注意以下几个方面的问题：

第一，关于确认仲裁协议效力问题。

（1）仲裁协议约定的仲裁机构名称不准确，但能够确定具体的仲裁机构的，应当认定选定了仲裁机构。

（2）仲裁协议约定由某地的仲裁机构仲裁且该地仅有一个仲裁机构的，该仲裁机构视为约定的仲裁机构。该地有两个以上仲裁机构的，当事人可以协议选择其中的一个仲裁机构申请仲裁；当事人不能就仲裁机构选择达成一致的，仲裁协议无效。

（3）当事人约定争议可以向仲裁机构申请仲裁也可以向人民法院起诉的，仲裁协议无效。但一方向仲裁机构申请仲裁，另一方未在《仲裁法》第二十条第二款规定期间内提出异议的除外。

问题来了：当事人约定由"武汉市仲裁委员会管辖"，显而易见存在表述错误，仲裁庭在裁决书中进行说理应适用上述第（1）条还是第（2）条？答案是：第（2）条！

第二，关于总公司与分公司牵涉的理据问题。

从诉讼律师的角度，对于分公司所签订的合同，在出现纠纷的时候将总公司列为共同被告已经是一个通常的做法，作为出庭律师，我也照此办理。但站在仲裁庭的角度，需要注意申请人与总公司之间并不存在仲裁协议，至少存在表面上的"超裁"的问题。仲裁庭在做出裁决时需要对牵涉总公司的法律问题进行说理：是基于仲裁协议效力扩展，还是基于总分公司理论（本人与本人关系）。

在查阅了大量文件以后，我惊奇地发现仲裁理论界对此尚无公论，因为担任首席仲裁员的案件中牵涉此法理问题，我必须做出说理，我极其惶恐地请教前辈们。经过讨论，我在裁决书中参照某一位法学大家的理论体系选择了"本人与本人"的理论而非"仲裁协议效力扩展原则"，这一观点被仲裁委审核组接受并在此后的多个案件中援引。这里，也涉及一个首席的自由裁量权的问题。

04　仲裁机构"分会乱象"

基于以上问题，我们可以提出疑问，在武汉市以及其他城市还存在中国国际经济贸易仲裁委员会××分会，甚至有非省会城市冠名的仲裁委员会在其他省会城市"开设"的"分支机构"，它们是合法机构吗？

对此，武汉市中级人民法院在判决书中明确：武汉仲裁委员会是武汉市唯一的仲裁机构且武汉仅有一个仲裁机构。

问题在哪里？前述仲裁机构在其他地区设立的分会都未经当地司法厅备案，为什么不能备案呢？仲裁法似乎没有规定它们可以设立分支机构。而且很多分支机构的设立在《仲裁法》颁布之前。

那么，对于这个问题，到底应该适用"法无禁止皆可为"，还是"法无授权皆禁止"呢？笔者不敢妄下结论。

笔者作为诉讼委托代理人向深圳市中级人民法院申请撤销裁决，该案由"中国国际经济贸易仲裁委员会华南分会"受理，而又以"中国国际经济贸易仲裁委员会"名义做出裁决。即一个仲裁案件中同时出现了总部与分会的公章，结果是：深圳市中级人民法院告知不予受理，该案由贸仲所在地北京市第四中级人民法院审理。

那么当事人不是约定了由贸仲华南分会管辖吗，为什么要由北京总部加章做出裁决呢？

华南分会不是合法成立的吗？仲裁机构所在地不是在深圳吗？

对此，深圳市中级人民法院的口头回复是：分会在我们广东省司法厅没有备案。

05　委托代理人人数

仲裁委托代理人人数不能超过两人吗？

有人会说："这个问题需要向专业律师提问吗？有没有搞错?!"

可能你还真理解错了，可以超过两人！

鉴于我也担任仲裁员，为了防止我在担任首席时出现低级错误，我会比以前更关注仲裁知识的学习与储备。《仲裁法》并未规定仲裁代理人不得超过两人，而诉讼代理人人数在我国三大诉讼法中是有明确规定的。

在我代理一起建设工程保险争议仲裁案件时，我向仲裁庭递交了三位代理人的授权委托书但被拒绝，于是我们与仲裁庭进行了激烈的理论探讨，双方谁也没有说服谁，这就意味着作为代理律师的我需要做出让步。很巧，我在网上公布的撤销仲裁裁决的案例里找到了由贸仲做出的一份裁决书，其中是存在三位仲裁代理人的。

我将此证据呈递给了仲裁委员会，经过讨论，仲裁委员会放弃了"仲裁代理人不得超过两人"的"成见"。

如果说仲裁有险滩，那么我想说，仲裁也有无限魅力。

你尽可以组建庞大精英律师团来参与仲裁，但别忘记你的律师团要足够"豪华"哦，了解一下美国辛普森案件，你就知道什么叫豪华了——那背后可是律师费的"豪华"。

06 不公开审理原则

《仲裁法》第三十九条规定，仲裁应当开庭进行。开庭审理是仲裁审理的主要方式。所谓开庭审理是指在仲裁庭的主持下，在双方当事人和其他仲裁参与人的参加下，按照法定程序，对案件进行审理并做出裁决的方式。《仲裁法》规定仲裁开庭审理原则的同时，又在第四十条规定，仲裁不公开进行。当事人协议公开的，可以公开进行，但涉及国家秘密的除外。

《仲裁法》规定了开庭审理的仲裁方式以不公开审理为原则，以公开审理为例外。所谓不公开审理是指仲裁庭在审理案件时不对社会公开，不允许群众旁听，也不允许新闻记者采访和报道。不公开审理的目的在于保守当事人的商业秘密，维护当事人的商业信誉。然而仲裁最大的特点在于尊重当事人的意愿，所以《仲裁法》规定将当事人协议公开审理的，可以公开审理作为不公开审理原则的补充。即当事人协议公开审理时将允许仲裁审理对社会公开，允许群众旁听，允许新闻记者采访和报道。但涉及国家秘密的则不允许当事人协议公开，必须以不公开审理的方式进行审理。

对于仲裁员而言，不公开审理意味着不能在任何时间任何地点公开所审理的案件情况。那么，隐去当事人名称与具体商业信息，在公开的场合基于学术与研究的目的来讨论案件是否可以呢？最高人民法院在早先公布的指导案例里，对这种情况是允许的，目的是促进社会的进步，同时，使公民更好地知法、守法、用法。

07 审理期限

就诉讼程序而言，尽管法律对案件审理期限做出了明确规定，但资深的法官与律师们都彼此存在一个默契，可以背后"骂"法官，但没有必要当面以超审限的理由责难他——"本是同根生，相煎何太急"，都是法律人，都不容易。

在仲裁程序中，超过审理期限的情况可能有多严重？先看司法解释《最高人民法院关于适用〈中华人民共和国仲裁法〉若干问题的解释》：《仲裁法》第五十八条规定的"违反法定程序"，是指违反仲裁法规定的仲裁程序和当事人选择的仲裁规则可能影响案件正确裁决的情形。

显然，审理期限是仲裁规则一个重要的组成部分，但超审限是否"可能影响案件正确裁决"？这就涉及撤销仲裁裁决的中级人民法院合议庭如何理解的问题了。大家在网络上可以搜索到因超审限而被撤裁的案例。

过分吗？笔者个人倾向于不过分。为什么？

第一，基于当事人程序利益的论点；

第二，仲裁效率恰恰是当事人订立仲裁协议的目的。

所以，作为首席仲裁员，在审限问题上不可任性。仲裁员的规则意识很重要，我们需要对"一裁终局"最大限度负责。

08 仲裁反请求

因为担任仲裁员，我有更多的机会接触律师，同时有一个旁观者的视角来审视律师这个职业，也以人为镜反省我自己的执业行为规范程度，这种比较是有趣的。

一、啼笑皆非的术语使用

我甚至不止在一个案件中遇到涉及"仲裁反请求"进门就摔跤的"笑话"。这就是反请求文件的规范用语问题。一些在我看来算"资深"的律师也会犯这样的低级错误，比如将"仲裁反请求申请书"写成"反仲裁请求书",将"仲裁反请求申请人"写成"反仲裁请求人"。

拿到文件,开庭时,我不得不提示秘书:"麻烦先把他的文件名称规范一下,他得先承认他存在笔误,不然他说的和我说的感觉不在一个频道上。"

同样的错误,在诉讼的反诉程序中也会出现:"反诉原告"—"反诉人","反诉被告"—"被反诉人",念着念着就习惯了。

但就是感觉有点别扭,问题出哪儿了,我得想想……

二、反请求提出的程序

按照仲裁规则,被申请人有权提出反请求,且应当在答辩期内以书面形式提交仲裁委员会。超过此期限提交反请求申请的,仲裁庭组成前,由仲裁委员会决定是否受理;仲裁庭组成后,由仲裁庭决定是否受理。

对于反请求,作为仲裁庭,通常需要考虑两方面问题:

一是是否受理反请求;二是与本请求合并在一个案件中解决的必要性。

对于未以书面形式提出的"反请求",仲裁庭有权做出独立决定,担任首席或独任时,我通常会当庭驳回未按照规定的时间与书面形式提出的"反请求"。

仲裁庭需要在程序正义与程序利益的维护上给予双方当事人公平的对待,保护遵守仲裁规则的程序利益,对违反仲裁规则的"非程序利益"不予支持。

09　庭前会议

我相信绝大多数仲裁员在庭前都会恪尽职守地进行阅卷(我相信法官们应该会更优秀),了解案情,思考庭审提纲以及具体询问要点。

作为首席仲裁员，有一些情况特殊的案件在开庭前需要召开庭前会议，包括仲裁庭庭前会议，也包括组织当事人双方召开庭前会议，对于后者，我个人认为基于直接进入和解程序的考量因素更多一些。这似乎有点不可思议，但有些时候是行之有效的。我担任首席仲裁员就成功通过庭前会议调解了多起仲裁案件，当然主要是事实相对较清楚能够直接落实到给付层面的争议。

一个具有仲裁庭统控能力的首席仲裁员对于当事人双方是能够起到影响与促进作用的，法律专业经验丰富并且具有感染力的首席仲裁员在仲裁问题上更有"疗效"。

一次，我担任一起牵涉某建设工程施工行业央企关于工程材料买卖合同争议案的首席仲裁员，在开庭前，我召开庭前会议与两位边裁商议本案径行进入调解程序，两位边裁同意此动议。经过一个半小时的工作，双方当事人最终达成和解协议。

通常，当首席仲裁员组织好和解的框架后，两位边裁在实现双方当事人的利益平衡上会比首席仲裁员更具备优势——毕竟他们是由双方当事人分别选任的，虽然他们并非当事人的代理人，但从情感上多少还是存在一定的"黏性"。

当双方在一些细节问题如支付比例、期限、违约金、仲裁费分担上存在些许争议时，首席仲裁员的权威性将有效地促进双方达成一致。我会说："按照我的裁判风格，我倾向于这么分摊责任……"于是双方便不再争论。当然，作为首席，你需要合适的表情，不能表现得太严肃，主要是为了给双方当事人创造一种相向而行的谈话氛围。

首席仲裁员需要有一定的幽默感，但不能给人油腔滑调的感觉。

此时，仲裁庭维护的是法度与公平正义，所承载的是社会责任。

有趣的是，此后出现的多起与该央企有关的案件，当然该企业都是被申请人——付款方，仲裁委主任指定给了我，而双方当事人基本都在我未组织开庭前就完成了和解，只需要秘书通知我审阅一下和解协议，并在仲裁委员会发出的仲裁调解书上签上我的名字就好了。

由我签发与该企业有关的第一份仲裁调解书估计成了其说服对方当事人和解的"样板工程"。

10　缺席审理

法律专业人士都知道，被申请人缺席审理的后果是很严重的。

在一起由我担任独任仲裁员的装饰工程施工合同争议案中，被申请人一方（装饰公司）多次拒接仲裁秘书电话，发函则被退件称"该地址查无此人"，在仲裁庭确认送达不存在漏洞以后，我决定启动缺席审理程序，同时我请秘书善意提醒申请人一方代理人充分检查己方证据避免重复庭审，因为再次开庭仍要重复那些基本无意义但不得不进行的通知程序。

我最终做出了缺席裁决：在该案中，仲裁庭认定大量证据表明被申请人在缔结合同过程中存在欺诈行为，其已知旗下分公司完全失去履约能力且被司法机关确定为"失信被执行人"，依然大肆收受申请人的工程预付款，在进行少量施工后即逃匿，导致申请人无法联络又基于违约责任的考虑不得不做"无谓的"等待。鉴于消费者权益保护法对于此等消费欺诈的情形按照最高不超过产品价格三倍的规则予以赔偿，现申请人只要求退一赔一，仲裁庭予以支持。换言之，被申请人需要双倍赔偿。本以为参加或不参加庭审无非是返还预付款、承担违约金及仲裁费，然而，悠然自得的被申请人在收到裁决书后大惊失色，因为本裁决书做出后，对于被申请人而言将会发生井喷效应，未来将有更多的三倍索赔的案件或以本席之裁决书为依据径行做出裁决。

被申请人急忙委托律师向武汉市中级人民法院申请撤销仲裁裁决，作为本案独任仲裁员，我以仲裁委员会名义向法院做出裁决背景说明，并进一步提出动议——法院可以考虑将本案移送公安机关侦查。

之后得知，被申请人在秘密与申请人达成执行和解协议后向法院撤回了撤裁申请。

关于缺席审理，首席仲裁员需要特别重视仲裁庭所有工作程序，尤其需要对送达工作提高警惕，有些隐性风险只有具备丰富诉讼经验的律师、法官们才能意识到。

某一个案件中，在被申请人缺席的庭审程序开始前，我程序性地向秘书询问了一下送达程序，极富经验的秘书在回答我的问题时发现了一个送达程序中极为微妙的"瑕疵"：仲裁庭通知文件寄交被申请人单位地址被退件，该地址与公司登记机关公示地址一致，但楼层却不一致。我礼节性征询秘书意见，资深的秘书果断地说："必须重新送达。"我们中止了庭审，为此，我动议申请人律师亲自去一趟前述地址，手拿一份当日报纸拍个照片，再请两位物业公司人员作为证人见证一下，同时，为确保在程序上万无一失，我和秘书商议再寄达一次。这次，对方进行了签收，但同意缺席庭审，这是被申请人的违约责任，对方无话可说，仲裁庭公正裁决即可。

11　仲裁员的独立性

前面介绍过，法院判决基于国家主权原则并不当然被各缔约国承认与执行，但按照相关仲裁国际公约，缔约方对于国际仲裁裁决却有义务强制执行，这也是国际仲裁魅力之所在。

个人浅见，这也是国际社会对于担任仲裁员的各国精英人士在专业与品格上的一种高度信赖，只要他/她以仲裁员的身份做出裁决，那么这份裁决书就应被执行。

由此可以看出，仲裁员的独立性在仲裁制度中举足轻重。

这在仲裁规则上的体现是，仲裁委员会基于公正性的综合考量设立案件审核组，当出现与仲裁庭裁决意见不一致的情况时可以提出意见和建议，但最终达不成统一观点时，仲裁委员会会最大限度地尊重仲裁庭与独任仲裁员的独立性。

对于初任仲裁员，我需要善意提醒的是，大量事实表明，多去倾听审核组的专家们的意见是绝对有必要的，这同时是对自己的办案质量与文书质量的提升。

有一句话：三人行，必有我师。

12 超 裁

以下讨论的这些涉及实体裁判权的问题是至关重要的，除了牵涉公平与公正问题外，对于仲裁庭尤其是首席仲裁员而言，一旦出现错误，仲裁裁决将被中级人民法院撤销，首席仲裁员个人的职业声誉亦将受到不可言喻的影响。

实体裁判权中很重要的一个问题就是超裁（包括漏裁）问题。

仲裁庭的管辖权来源于仲裁协议和法律的双重授权：当事人关于仲裁管辖权的约定使得仲裁庭产生和行使案件管辖权，仲裁活动的"准司法性"使得仲裁庭的权限范围必须是受限制的，即仅限于仲裁协议约定的争议事项范围之内，就裁决事项而言，仲裁庭只有权就当事人请求的事项进行裁决；同时，仲裁庭的权限及其行使还要受到仲裁地国法律的限制，合法性是任何权力产生与行使的前提。

从仲裁实务角度而言，以下两个方面是值得注意的：

第一，仲裁事项超出仲裁委员会案件受理范围，如亲权争议、行政争议等。

理论上，这是从广义角度定义的"超裁"。笔者想借此机会讨论一类特殊的行政争议，即行政特许经营合同争议，其中既有行政争议，又有民事合同争议，比较典型的案例如高速公路特许经营合同（BOT）。除了特许权的授予与收回等牵涉公权力的行为外，其他争议均属于民事争议范畴，仲裁委员会能够依据仲裁协议行使案件管辖权，笔者认为这是理据充分的。最高人民法院亦在多个类似指导案例中对争议具体内容进行细致分析，再据此剖析其争议的行政属性或民事属性，而不是"一刀切"，看到行政两个字就义正词严地拒绝受理。

第二，仲裁事项超出仲裁案件当事人仲裁请求的范围。

优秀的当事人及其代理律师能充分意识到仲裁案件庭审战略与战术的必要性与重要性，他们通常会主动引导案件发展以及仲裁庭审理案件的思路，而不是反之为对方当事人所控，这需要律师对仲裁程序与实体具有双重把控能力。有时候，出现超裁或漏裁情形恰好是某一方想要的，因为其可以以此为由向法院申请撤裁而拖延支付时间，或打压对方当事人意志力，从而换取谈判筹码。因此，在整个仲裁程序中，一位稳健的律师应当具备控场能力，一旦出现超裁的端倪，需要及时提请仲裁庭注意。当发现仲裁裁决书出现了超裁或漏裁问题时，需要在收到裁决书之日起三十日内书面申请补正。有一个案例，当事人在仲裁请求中明明申请"要求 A 承担支付义务，B 承担连带责任"，但仲裁庭却裁决"B 承担支付义务，A 承担连带责任"，这就存在超裁嫌疑。

有时候，在裁决书发出以后，通过仲裁秘书听听当事人收到裁决书的反应或者态度也不是完全没必要。作为首席仲裁员，既要对自己作为其中一员的仲裁委员会的尊严负责任，也要对社会承担责任。

需要指出的是，对于何为"超裁"，司法实践中存在不同认定。从仲裁庭的角度而言，比较审慎的做法是多听取边裁以及审核组专家们的意见，毕竟"学无止境"。

13　自由裁量权

　　无论法院审判庭还是仲裁庭，自由裁量权是裁判权中重要的但也是最具争议的一项权力。

　　对于这个问题，我承认，我做律师时，我的委托人被行使了自由裁量权时我会隔空"大骂"合议庭；我也不得不承认，当我担任首席仲裁员行使自由裁量权时，我也会被我的案件的当事人的委托代理人隔空"破口大骂"。

　　结合我签发裁决书的案例，我介绍一下我行使"自由裁量权"的背景与综合考量，需要特别说明的是，这些是我担任独任仲裁员或者首席仲裁员时，基于理性独自或与合议庭成员共同做出的意见表达。

　　申请人本人作为执业律师中的一员，在签订房屋买卖合同时缺乏法律专业人士应具备的职业审慎，对于缔约时即"应当知道的"违约风险并未注意，自身存在一定审查失责，鉴于此，在承担缔约过错责任问题上，仲裁庭得予适当减轻对方过错责任及相应违约金支付义务。

　　鉴于双方当事人接受了仲裁庭于庭前会议中所动议的程序，即双方当事人均同意中止仲裁庭审程序而在仲裁庭的主持下先行解决空调工程安装合同善后问题（以便当事人度过炎热的夏天），双方当事人在庭下自行和解的过程中达成了一份书面和解协议。仲裁庭认为，和解是双方当事人为了息讼而对彼此权利义务所做的一揽子处理行为，除非当事人在该和解文件中另有约定，否则仲裁庭认为当事人就案涉争议除了约定之外，再无其他争议。此外，仲裁庭认为被申请人基于维护自身商业信誉的考虑而做的现金支出超出当事人的仲裁请求金额已属不易（这点并未在裁决书中表达，其实是因为被申请人法定代表人年轻又未聘请律师，他在庭上对我有点严厉的提问方式心里发怵，由此错误地认为我会裁决他败诉——他对后果的错误预判造成他不必要的支出，我却无法告诉这可怜的孩子）。据此，仲裁庭驳回申请人和解协议约定支付以外的仲裁请求。

我不得不承认，自由裁量权的启动不排除首席仲裁员内心的好恶观。我想法官们也一样，大家都是普通人。我们都有必要清楚地知道自己的内心——我并没有"泄私愤"。

14　律师费承担问题

在很多仲裁委员会的仲裁规则里，都确立了仲裁案件律师费由败诉方承担的规则。

如何理解这一条似乎存在争议，包括：

第一，当事人之间在合同里并未约定律师费由败诉方承担，但在仲裁请求中称"按照仲裁规则提出请求，要求裁令被申请人一方承担律师费"。仲裁委员会的观点似乎倾向于当事人有权请求应该是基于合同约定或者法律规定（规则文本在表达上存在想象空间），即未约定通常不支持。

第二，有例外吗？在一桩房屋买卖合同违约责任争议案件中，被申请人一方存在恶意违约行为，申请人为了维护自己的合法合同权益不得不聘请律师，但在房屋买卖合同中并无关于律师费的约定。作为独任仲裁员，在我看来，此类案件无论从法理角度还是举证责任承担角度，当事人都不足以独立完成仲裁程序，律师费属于"必要之合理开支"。对此，我坚持按照仲裁委员会仲裁规则裁令被申请人承担申请人全部律师费，最终，尊敬的仲裁委员会主任支持了我的仲裁裁决意见。

对于公平与正义，作为法律人，我们内心都有一个天平。

我们也应该意识到，社会公众以及人民法院，才是那位手持利剑、铁面无私的监督者。

15 仲裁庭意见开示

任何修炼都是有个过程的，只有"熟了"才能"生巧"。仲裁员这个活儿也一样，记得第一次担任独任仲裁员主持仲裁庭审，进入仲裁庭的那一刹那，我的脑袋却在努力回忆：我是申请人还是被申请人来着？我应该坐在哪一边，左边还是右边？三秒钟过后，我回过神来：今天"老爷"我坐中间。

千万不要以为你做了十几年二十几年的律师，成天在法庭上听审判长"絮叨"的"现在开庭……"不经过思索就能够背出来，我敢担保你最多只能背一半儿，然后你就会丢了东边落了西边。所以开庭要提前做功课。

熟练了你会发现审判的老手们都有一些"毒招"能够"逼迫"当事人配合调解或者接受仲裁庭动议。

这些招数能够把心理素质不好的当事人"吓死"，同时把那些对诉讼策略、谈判心理、调解技巧、谈判筹码等把握不好的年轻律师"吓个半死"。

这就是"亦幻亦真"的仲裁庭意见开示。

确实存在一些水平不高但颇为自负的代理人，这其中不乏公司的董事长，他们甚至有一个自认为"感天动地"的理由：我们是国有企业，我们所代表的是社会公共利益。对于这点，我需要纠正一下：国有企业确实代表的是国家利益，但不当然代表社会公共利益，这是两个不同的概念，不能等同。国有企业也有绝对义务遵守法律，而不可凌驾于其上，党纪国法都是这样要求的。

有些案件，为了彻底"粉碎"当事人不切实际、追求胜诉的幻想，仲裁庭委托秘书向相对理性的已经在仲裁庭内部确定为败诉方的当事人动议接受和解协议，是一种善意的做法，有可能在最后一刻让争讼止步，败诉方接受仲裁庭意见达成和解协议。但这种做法对于仲裁庭尤其是独任仲裁员而言需要极其审慎。

总而言之，仲裁员，无论担任首席、边裁还是独任仲裁员，需要以莫大的法律职业感、社会责任感、公平正义感去面对你手中的签字笔，你在裁决书的签字栏所签落的，不只是你的名字，还有别人的人生，企业的盈亏，法定代表人的荣辱。

祝福我的新晋的仲裁员的律师同僚们！
让我们每一位仲裁员，无论是资深的还是新晋的，
在维护正义与法度的路上，虔诚相守。

如果律师有光环的话，让我们忘记它吧；
如果律师有黑子的话，让我们也忘记它吧；
让我们在法律的神圣与庄严里思索；
在生命的光与影里凝神思索。

首席仲裁员

在仲裁委员会担任仲裁员三年后，承蒙仲裁委员会认可，我很荣幸进入仲裁委员会房地产与建设工程专业（含合同法）核心首席仲裁员之列。

在荣幸之余，也深感责任重大，经仲裁委员会主任指派由我担任首席仲裁员的案件的金额越来越大，法理难度系数越来越高。

01　仲裁第一案

五年前，我以独任仲裁员身份主持第一个案件的庭审，应该说，从事律师职业十一年，出席庭审，应该不会紧张，但庭审的前一天晚上我还是有些失眠。

那些在代理人席上听法官常说的开场白，感觉自己都能够背得下来，等到自己去说时，发现并没有想象的那样利落，才悲哀地意识到原来以前是"站着说话不腰疼"，别人的词儿自己不必去管时并没有上心。

以仲裁员的身份到仲裁委员会主持庭审，但并不是第一次到仲裁委开庭，站到仲裁庭上第一秒居然在想我是坐左边还是右边，第三秒才醒过神来，今天"老爷"我坐中间。

不知是老天爷跟我打趣还是冥冥中注定，第一个仲裁案件的当事人申请人一方居然是位律师，而且还是一位网红人物，从公务员队伍辞职做律师，办理的第一个案件是仲裁案——他本人是申请人。

因为他是律师，所以在对本案做出裁决时，我将应由他自行承担的责任定得严格了一些，当然是在仲裁员自由裁量权允许的范围内，我委托秘书告诉他，他需要深究法理。

他在接到裁决书以后委托秘书回告我说，"谢谢仲裁庭的善意，他会认真去做律师"。

以为做律师这么多年，处理仲裁庭事务应该是老手，怎么着在法庭上应对法官也算轻车熟路了，但临到自己在居中的位置上必须以公允的态度进行裁断时，才发现这个活儿并不好干。

这个时候觉得做律师的自由无与伦比。

为什么？律师的庭审言论相当于给法官出考题，法官得在原告、被告律师的靠谱不靠谱的法律逻辑中去"排雷"，稍有不慎，就是错案。

五年之后，处理仲裁庭事务，无论做首席仲裁员还是独任仲裁员，比起过往，已经娴熟很多。

依然不敢有丝毫懈怠，唯恐错案。对于那些哪怕在裁决文书中有一丝理解不透彻的法律条文，都会认认真真地研究，务求弄懂搞透。

再以律师身份与当事人去讨论案件时，对案件的判断多了几分自信，这是因为多了一些以裁判者视角看待案件的理性。

再以律师的身份与法官讨论案件时，当法官听到我是首席仲裁员时，法官对我发表的辩论观点的认可度相对也提高了很多。

做仲裁员并不挣钱，但裁断案件的过程所给予仲裁员的公心与社会责任感，是金钱所不能评价的。

做仲裁员，需要恪守公平正义之初心，极其不易，在仲裁员落款处签上自己名字的时候，我还是会回头多看几遍即将签发的裁决书。事实、证据、逻辑、法律条文、格式、数据、日期、结论，等等。

我知道，它与历史有关，我不过沧海之一粟。

02　"李军"裁决了"李军"

这是一个纠结的案件，被申请人与本席同名同姓——李军，那位是董事长。

开庭时，这位董事长本人未到，也未委托律师出席庭审。

我情感复杂地对申请人及其律师说："如果'李军'败诉，我感觉是判了自己败诉，这种感觉很怪异；如果判'李军'胜诉，你们会说我徇私情，'李军'凭什么就不能败诉。"

仲裁委主任指定这个案件由我独任仲裁，这考察仲裁员的角度太刁钻了。

最终，李军董事长败诉了！

我很遗憾。

03　不说是因为惜言如金

我审理的仲裁案件中的大部分都由我担任首席仲裁员或者是独任仲裁员。

主持庭审，需要从居中裁判的视角去听申请人、被申请人双方律师的辩论，从裁判的视角厘清法律关系、分析证据、查明事实、适用法律，为了促成双方当事人和解在利益层面谈商论道。

这个角度，也让我对律师职业有了更深刻的理解，对律师言论的含金量，或者说律师工作质量有了更有发言权的评价维度。

并不是那些夸夸其谈的律师成为仲裁庭的王者，反倒是那些理智的、冷静的、分析入理、逻辑条理清晰的律师更能得到仲裁庭的尊重与青睐。

庭审两三个小时，紧张而枯燥，裁判庭更希望有一缕清新的法理之风理顺裁判者的思路，但这是可遇不可求的。

精品的律师，精品的庭审，往往还是少数。

我开始学习做那个不再侃侃而谈的布道者。

法律人的尊荣，在于法律人的寂寞。

优秀的法律文书，往往来自静夜下的孤灯。

04 你在做，别人在看

我与王总从认识到现在算起来有十九年了，我看着他一步一步从一个食品生产厂做到现在这个高附加值产品生产企业，并且着手进入资本市场。

从朋友的角度，他的企业的成长值得喝彩。从律师的角度，细细品来，王总始终如一地沿着一条主轴去努力，追求精益求精，你想不成功都难，这一点，值得很多企业经营者学习。

资本市场之路是一个需要决策者无论从意识形态上还是从经营决策态度上脱胎换骨的过程，从一定程度上说，这个过程是有些痛苦的，比如说税赋的问题，需要决策者自动自发地承担。依法依规，说起来容易，做起来不一定快乐。这是实话。

在律师尽职调查的过程中，一个关于减资的问题被质疑，减资的对价估值从表面证据来判断存在一定的不合理性，于是需要访谈当事人以确认该项交易不存在违法，而是双方当事人对自身民事权益的自由处分。

那次减资是在双方进行诉讼的背景下完成的，所以要对当事人进行访谈并不容易，接触过几次，对方态度犹犹豫豫，我可以理解：已经离婚了，就别再来找我。对方不想旧事重提是无可厚非的。

但，访谈的工作，必须要进行。

需要说明的是，该项工作由另一组律师团队完成，三个月的时间，这项工作推进极为不顺。

于是王总打电话来跟我商量，希望我出面与对方谈一谈，我有些犹豫，因为毕竟这项工作不是我在主导，介入同行的工作原则上是不合适的。

尽管如此，大家都知道王总与我私交甚笃，我还是同意了，我问对方是否有律师，同行容易沟通一些。答复是对方有律师，但双方一直没有达成共识，王总已经对这个看起来漫长的沟通过程忍无可忍。

我非常客气地给对方律师去了电话，说明我的来意与我对访谈文件的态度与底线，对方律师表示理解。在电话中，对方律师问我是不是仲裁员，我说是的，他觉得我的声音有点耳熟，可能在我手上办过案子。

这下轮到我惊讶了。

他向我提起了那个案件，我想起来了，我在一个月前刚签发裁决书，他所代表的当事人胜诉了。对方律师客气地说他认可我在这个案件审理中的表现，认为我是非常专业的。

我说很荣幸得到他的肯定。

访谈的文件在两天之内完成了签署工作。

05　难得前辈认可

感谢仲裁委员会，尽管我认为自己还没有准备好，但越来越多的指定我担任首席仲裁员的案件由秘书交办过来，除时间冲突的因素外，我都接受了。

合议庭会有两位边裁，分别来自双方当事人的选定，当仲裁庭意见出现不一致时，以首席仲裁员的意见为准，在仲裁实行一裁终局的情况下，首席仲裁员的意见变得格外重要。

端坐首席仲裁员位次，仲裁庭审理程序通常由首席来引导。

最近处理的一桩案件，我担任首席仲裁员，一位边裁是我们律协的前任领导，我的前辈，另一位边裁也是本市著名大学法学院教授、副院长，两位大家坐在两边，不由得增加了几分压力，习惯了控场的我，也多少有些顾忌。庭审时，我会在适当的时候问，"两位老师有没有需要补充发问的地方？"慎重起见，我在开庭前特地召开了仲裁庭庭前会议。

这个案件居然出现了一个让人啼笑皆非的状况，双方当事人的代理人来自同一家律师事务所，这在小县城或许能够容忍，在大城市，这种情况是绝对不能容忍的。我只好与合议庭会商，大家形成一致观点：给定一个期限，如果双方当事人能够通过代理人和解，则仲裁庭予以照准，但当事人需要出具相应律师责任豁免声明书。最终，双方未能在指定期限内达成和解，秘书通知双方必须撤出一方。申请人代理人退出本案庭审。

案件管辖成了庭前比较棘手的问题，当事人双方在合同里约定了一个并不存在的仲裁委员会的名称，这是因为当事人对《仲裁法》一知半解，他们约定了一个区级的仲裁委员会。我的观点倾向于认定仲裁协议无效，边裁则认为于如果没有反对意见，可以继续审理。

我请秘书提前与被申请人沟通，询问被申请人方的答辩观点以便提前因应，被申请人方表示同意仲裁庭继续审理本案。

整个庭审有序完成，当事人尽管彼此存在冲突，但当庭对我的分寸把控表达了敬意，两位前辈也伸出大拇指点赞。教授甚至感慨地说："我以为这个庭审会比较简单，在一个小时内闭庭，今天参与了庭审之后才发现原来需要这么细致地去查明事实，我也受教了。"

教授甚至邀请我得空到他所在的大学法学院去给研究生做一次演讲。我欣然应允。

　　做仲裁员，薪酬甚微，但因为仲裁员需要拟写裁决书，平时一知半解的法律理论，在写裁决书落笔的时候都必须要搞懂搞透，我因此功力大增。

　　我大约是一个喜欢做律师的人，能够通过仲裁的裁决去表达自己的法理认知，为社会公平正义出一份心力。

　　理论上，裁决书的签发，就意味着通常有一方败诉，就会出现申请撤销由我作为首席仲裁员或独任仲裁员做出的裁决的当事人，但截至目前，尚未有一份仲裁裁决被撤销。

　　能够获得前辈们的认可，欣慰之余，亦令人鼓舞。

　　路漫漫其修远兮，吾将上下而求索。

被当事人申请回避

　　某日，仲裁委员会立案处秘书微信询问我："现有一起建设工程施工合同分包争议案件，申请人拟选任您为边裁，请问您是否能够接受选任？"我回复微信："可！"

　　拟选任我担任边裁的申请人一方来自深圳，代理律师来自北京某（深圳）律师事务所，大约是因为我在深圳福田法院曾与其同事共同出席了一次庭审，因此给他们留下了深刻的印象。据说因为那次辩护，我在他们所的年轻律师中成了有争议的话题，我也因此收获了这些外所小师弟师妹们的信任（按照仲裁规则，本所律师不能选任我担任边裁）。这已经不是我第一次被该律师事务所的律师选任为边裁了，通过那次传说中的庭审，他们大约也了解我的风格，或许我在他们选任我担任边裁的第一个案件中的表现在他们看来还算公正，所以有了"以后"。

　　在我回复立案处秘书"可"之后，办案秘书给我寄送过来案卷材料。我注意到，被申请人一方的法定代表人的名字与我认识的一位领导同名同姓，于是我打电话给该单位的朋友，了解到这位领导调任到被申请人单位做了一把手。

　　在这位领导担任另一家国有单位的法定代表人期间，我曾任该单位常年法律顾问。

　　按照仲裁委员会仲裁规则，这种情况构成"合理怀疑可能影响案件的公正审理"。

　　于是我致电秘书，告知此情况。秘书沉吟了一下，说："好吧，我反馈被申请人一方（选任我担任边裁的一方当事人）。"几分钟以后，秘书来电，说："申请人与律师商量过，他们不申请您回避本案。他们说信任您的公正态度。"

　　"需要告知被申请人一方这个信息吗？他们院长并不知道本仲裁庭的这个我就是过去的那个我。"我在电话里提醒秘书。

　　"这个，原则上不需要吧，这种情况对于申请人而言风险较大，这是对被申请人有利的，他们为什么要申请您回避呢？但是，如果您认为有必要的话，我就去个电话问问吧。"

　　我说："你去个电话吧，顺便通过他们律师表达我对院长的敬意，几年未见，想不到我们还能够走到一起来。这很有趣。"

　　几分钟后，秘书来电话："李仲，被申请人申请您回避。"她补充了一句，"我觉得他们这个做法有点不可理解"。

　　我心里清楚，在院长过去的印象中，我应该对建设工程法律还是比较专业的，他曾经为院里的一个 BOT 项目伤神，因为我是常年法律顾问，院里抱着试试看的心态请我过去聊聊。结果我出乎意料地将项目的立法背景、运作模式、风险控制点讲得头头是道，领导们感慨不已。

　　院长大约还记得数年前的这些对话，现在我被他的对方当事人选任为边裁，在他看来，这或许算得上风险。至少我不能当然地站在他的立场上。他或许不知道，即便我被他（被申请人）一方选任为边裁，基于我曾经担任过法律顾问的经历，我也有义务披露，对方当事人估计更会毫不犹豫地申请我回避。在此种情况下，按照我的风格，我会主动告知仲裁委员会：我担任本案的边裁可能构成"合理怀疑"，我亦会回避此案。

　　鉴于此，我笑着对秘书说："我还是回避吧。不让院长担心。"

　　在我看来，这也算是对我的赞许与认可了。

　　做律师的仲裁员，需要思考更多。

政府重大法律项目背景下的律师策略解码 *

  某省交通运输厅于 2010 年 8 月 5 日与 A 公司签署《高速公路投资、建设、经营、养护管理协议书》，根据协议约定及发改委精神设立了 B 项目公司，并于 2012 年 3 月 26 日与新设立的 B 项目公司签署《投资、建设、经营、养护管理合同》（BOT 合同），前述三方当事人不久又分别签署补充协议，确立了 B 公司 BOT 项目的最核心的出资与竣工交付使用的原则及时点。嗣后，因 B 公司资金与管理等多方面问题，原定工期一拖再拖，严重迟延于既定工期。

  经交通运输厅多次组织协商，B 公司最终承诺于 2017 年内建成，但截至律师方应政府聘请以专项法律顾问身份介入时，仍存在少量工程未完成且因其内部原因可以确定在短期内无法竣工交付。同时，经过对项目状况评估，B 公司履行此合同期间跨度长达 33 年的项目质量与可能性均令政府产生严重顾虑。对于此牵涉民生工程的项目久久不能竣工，社会关注度极高，民愤极大。

  为此，交通运输厅依据《关于高速公路建设有关事宜的会议纪要》以及《关于高速公路约谈相关单位法人推进复工事项会议纪要》

---

  * 本文所指政府重大法律项目背景主要是指牵涉政府投资的重大项目或国有企业重大或重要决策的相关法律问题，也可以表述为牵涉政府或国有企业的重大法律决策。本文将以政府行政特许经营合同争议项下关于解决权的问题进行展开。基于保密协议，文章中的项目、当事人均以化名或字母代替，只做经验总结之用。

之基本精神，认为"如 B 公司及施工单位在 2016 年年底之前仍不能达成一致意见使项目尽快恢复施工，则省交通厅上报省政府按《投资、建设、经营、养护管理协议书》及《投资、建设、经营、养护管理合同》有关条款对项目启动收回程序"。现 B 项目公司方再次违约且该逾期交付不能的违约行为足以触发根本违约及相关约定合同解除权条款。

该项目分为两个阶段。

第一阶段：法律风险评估，针对以下核心问题：

（1）行政特许经营合同当事人在目前状况下是否能够行使合同解除权？

（2）倘若解除，其法律后果如何评估？

第二阶段：提前为极有可能存在的诉讼/仲裁准备预案。

01　应邀跨省参加竞争性谈判

考虑到该项目是某省政府及省交通运输厅高度关注的重大项目，项目涉及总投资超过一百亿元，如果出现诉讼，或许将成为全国行政特许合同诉讼案件中涉案金额最高的诉讼，无论从政府公信力的角度还是从社会效益的角度考虑，政府部门都慎之又慎。

我事后知道，政府决策部门充分而理性地考虑到本项目涉案金额重大，矛盾尖锐，一旦私人关系渗透则相当不利于最终决策。为此，决策部门决定不在本省选聘律师，武汉因高等学府众多，律师理论水平相对较高而获得此次竞争性谈判遴选机会。慎重起见，分管副厅长亲自参与与项目投标负责人的会谈。

武汉方面四家"北京"字头的武汉分所应邀参与投标，各家工作团队阵容强大且豪华，毕竟这是一次跨省作业，某种程度上也能展示武汉律师的专业实力。

我和我的团队代表北京盈科（武汉）律师事务所出征。

那个深秋，小雨，我独自一人前往相邻城市，带回来数千页的背景资料的复印件——当然这是在签署了保密协议以后才可以的。我询问律师工作方案需要何时提交，T处长说两日后（周五下午五点前邮件送达即可），我归来时，已是周三的晚上。

周四上午开庭。不得空阅读文件。

中午，T处长打电话来说："李律师，我们厅长因为日程调整，原定周五下午六点的评标会议提前到了今天晚上六点，你看是不是能够在今天下午五点钟之前将投标文件邮件发过来。"

因为是竞争性磋商程序，我没有太客气地回应："处长，你们只是邀请我来陪标的吧？"

处长倒是实在，说："至少我认为不是的，通过我们昨天的初次见面，你虽然是四家律所团队负责人中最年轻的，但我个人还是比较看重你的综合经验，尤其是过去的商务经验以及谈判经验。"

这下需要亲自动笔了，没有时间指望助手。我看看手表，还剩下四个半小时。我让助理帮我买了几个包子，拍了包烟在桌上（其实我一周或许才抽一包烟而已），撸起袖子开始干活。

凭借我的工作经验，只花了半个小时就粗略看完了案卷材料，我笑了，感觉这个项目恰好将我个人的工作经历与经验完美结合，这个非诉讼法律项目有点为我量身定做的味道啊。

我意识到，这个项目需要律师团队团首具备项目管理与谈判能力，团队综合知识结构齐备且互补，具备丰富的非诉讼法律业务的处理经验。

我组建了一支包括我在内的六位律师组成的强大阵容，他们是：王欢律师（作业统筹）、杜俊律师（文件处理）、张道恩律师（尽职调查）、丁素芸律师（文件处理）、梅立新律师（谈判策略），我则负责总体部署、对外谈判以及质量总控。

因了他们的倾力付出，这个投资并购法律团队才如此高效且卓越。

处长事后告诉我，当时领导们对律师团队的人选犹豫不定，除了我的工作方案（因为处长最清楚我是在四个小时之内从首次阅卷到完成工作方案，只有我的文件不存在"复制粘贴"），我的个人简历在之后的二次讨论中为我增加了权重——这也与 T 处长的力荐分不开（我尊称 T 兄为学长，没有他高超的法律专业理论以及默契配合，这个项目的沟通将变得费力且充满隔阂）。

02　政府重大法律项目管理中的律师工作细节

分析任何一个法律案件基本都可以把它套入事实、证据、法律这个基本框架。最大的问题来自什么是事实，从法庭审理的角度而言，只有证据能够证明的才叫事实，但那是真正的事实吗？不一定。

以下是我们团队在项目工作中积累下来的一点经验或者感触。

第一，关于材料收集，要注意行政机关特定的档案管理特点。

需要高度关注的是，政府法律项目中证据的收集工作与民事案件中不同，不同的行政部门可能只留存了与其部门业务相关的档案材料（证据）。

随着对案件研究的深入，我们发现阅读到的证据材料与单位领导向我们介绍的情况严重不匹配。如果不能保证所收集的资料齐全，我们对案情的把握就是不精准的。从预防诉讼的角度来说，任何一个证据偏差所造成的判决结果可能是致命的。得益于 T 处长的专业性与责任感，我们在收集证据上少花费很多精力。

在法规处的指导下，我们通力合作，迅速从各个业务处室收集齐备证据材料。行政机关在文档的管理上通常是优秀于其他性质单位的。这一点我们比较放心。

第二，工作组的组建需要考虑"多兵种作战"问题。

就这个 BOT 项目而言，除了决策层的领导及律师以外，法规处、财务处、工程处、审计处相关人员均为案件工作组成员，在我们律师方的建议下，工作组各位成员在第一时间签署了保密承诺书，因涉案金额高，利益冲突巨大，一些决策信息一旦失密，造成的负面影响甚至直接经济损失不容忽视。

实践证明，在后续的工作中，因为工作组成员均提前参与了相关工作会议，信息对称，后一阶段我们请求相关部门协调或依职权出具相关文件，或配合启动相关程序效率很高。比如说，启动项目工程业主方、总包方、分包方、实际施工人的总协调会，就必须要提前进行财务、工程进度的摸底，甚至需要对谈判对象的行踪进行摸底。

工作组的成员们也认为，通过参与会议学习到了很多法律知识，甚至还包括管理与谈判经验。

第三，主官应充分意识到律师在重大项目中扮演的最重要的角色应该是"幕僚长"，充分倾听律师意见的主官是高瞻远瞩的。

在很大程度上，这个项目的精彩完成得益于两位主要领导的支持与信任，一位是分管副厅长，另一位是法规处 T 处长，两位领导分别从决策与专业上充分且高效地支持我。

律师业有一句行话叫作"见官就平级"，新闻媒体行业也是这样。但能够意识到这句话的内涵的官员尤其是决策领导则是凤毛麟角。不得不说，这是件令人遗憾的事情。

在民营企业中，越来越多的董事长开始越来越紧密地建立与律师这个职业的联系。很大程度上，商事律师的工作重心开始前移，而且这种前移的速度将越来越快，这与经济模式的多元化以及风险点多元化是分不开的。

行政体制内高级领导难以与律师保持紧密关系的一个重要原因在于体制或者心理。职位的原因导致决策层的领导只能听各个职能部门分管领导的层层汇报——决策信息的精密度就在这个层层汇报的过程中被消解了，而且似乎对谁问责都不公平。

以本案为例，对政府重大法律项目进行决策的人是谁？当然是行政主官！对吗？也对，也不对。这么专业的问题，决策者能够在半个小时的汇报中听懂并且决策吗？

那么谁向决策者汇报？法规处。法规处提出的请示报告应当是专业的并且是经过了调研的。

谁负责调研？律师，也就是我们。

我们调研了吗？调研了！充分吗？不充分！法规处没有全套的证据材料，而且没有权力调取其他处室的资料。当然，跨处室调取资料可以由领导协调，但时间是难以保障的。这就是我在前面讲到的需要提前组建工作组的原因。

分析到这里，读者应该能够意识到，真正影响决策的信息在部门层层流转的环节中被忽略掉了，而对于商务谈判而言，最不能错过的，莫过于战机与商机。

因此，在处理本案的过程中，我比较直率地向主官阐述我的观点并婉转地表示："尽管从层级管理的角度来说，律师不应该越级奏报，但从战机的角度来说，律师应该是对最高领导负责的。所以重大的事情我认为我有权直接向最高决策者汇报。"

这个观点得到了领导认可，这是值得欣慰的，因为这种认可，我们在第一时间向领导建议主动收集甚至"制造新的证据"（指在后续的工作中刻意形成新的证据以弥补原有证据不足的问题，这与伪造证据不同，比如我们提出针对行使解除权的问题提前要求原工程设计单位出具经济效益评估报告为违反公共利益的论点提供数据与理论支撑）。实践证明，来自决策者的支持也极大激发了我们团队的工作热情，我们会主动献计献策来防患于未然。但随着领导的更迭，后任领导则比较婉转地向我们提出希望注意行政机关的管理层级，尽量不要越级上报。

这个观点不错，我也需要深思。只有决策者知道他想要什么。

律师归根结底是为决策人服务的。

03　后　记

因为在本项目中签署有保密协议，所以我不能披露工作细节。在本案中，正如某省交通厅与我们律师团队共商所料，这个项目一旦向对方发出解除合同通知书，则必然引发行政诉讼。

关于合同应否解除，省厅常年法律顾问应厅里的要求就案涉行政特许经营合同能否解除问题所出具的书面法律意见是：不能解除。理由是工程项目已经完成了85%以上，合同大部分义业已履行完毕，不符合根本违约情形。

常年法律顾问的这份意见提出以后，省政府陷入极大被动——他们不能戴上违法行政的"帽子"。这才聘请了专项法律顾问进行付费专项法律咨询。

在收集整理了200多页的证据材料以后，我们出具了法律意见书："本所律师团队倾向于认为贵厅有权行使案涉行政特许经营合同单方解除权。"理由是案涉合同履行期限应为33年，而非仅指建设工程期限之3年概念。大量证据表明A、B两公司存在多种业已触发约定之根本违约条款的违约行为，鉴于现有证据足以确定该等违约行为的存在，贵厅有权在适当的时候行使单方合同解除权。

但请注意原合同约定之"解除权行使之合理期限问题"。

为什么会出现两个律师团队结论不一样？

因为我们是从政府视角下的社会公共利益层面思考问题，同时，我们在后续的工作中完成了行使合同解除权的证据准备工作。而原有的律师团队只考虑了根据现有证据提出法律意见，忽略了省政府之于民众关注的压力及紧迫感。

在某种程度上，本案的处理更多使用的不是法律思维方式，而是项目管理——站在决策者视角提出幕僚意见——思维方式加上两位优秀的主官的支持形成的难得的作品。

省政府领导集体慎重决策，采纳了我们团队的法律意见，正式向 A、B 两公司发出书面解除合同通知书。

两公司提起行政诉讼，我与 T 处长共同担任委托代理人出席庭审，最终胜诉。

也借此机会感谢交通厅及高速公路公司各位领导与朋友们的支持，也有争执，但无碍我们彼此在专业与高效合作中所结下的友谊。

公司僵局背景下的并购律师策略解码 *

导　语

在以下的文字中，我想轻松地向读者讲述几个我认为与并购重组有关的重点问题，需要强调的是，这些故事是以中小型公司的企业僵局为背景展开的，并不完全适用于大型公司包括上市公司的并购策略。

并不是所有的并购从并购重组的意向开始

经朋友介绍，FK 公司董事长邀约我在一家咖啡馆进行我们的第一次会面，根据我的习惯，我会在见面前简单了解一下我们要探讨的法律问题。他只是简单告诉我是关于公司法。

董事长坐下来，抹了抹额头上豆大的汗珠，与我谈到公司僵局，当他打开一直提在他手上的一大摞文件资料时，我承认我被惊到了，并不是因为这些文件的数量，而是因为董事长本人在一摞文件上用钢笔密密麻麻记录的与公司僵局有关的法律规定，我在后来与他的

---

　　* 本文曾在《并购为王》（白光林编著）一书中作为结集文章之一发表，收入本书时有调整。

笑谈中说我着实吃了一惊，因为他绝对比我在这个话题上要专业。

在开始的时候，我们都没有想到这个公司僵局的事件演变成股权并购，并且最终成了对方反收购。

在重大法律项目中，决策者们
首先要做的就是选择正确的律师

我们的话题是从股东败诉案件开始的，这并不是一起复杂的案件：当股东之间出现不信任以至于出现公司僵局时，股东选择了知情权诉讼，其实他们只有一个目的，即"告诉对方我们并不是好忽悠的"。但是他们一审败诉了，这是 FK 公司董事长约见我的原因，他们并不甘心败诉，这事关股东的面子与尊严。

我和我的团队在研究了案卷材料以后，给出的结论是："不必上诉"，因为上诉只会败诉。一审律师将工作程序弄错，股东原本应该在向公司发出股东知情权通知文函并说明工作目的而遭遇拒绝后才能行使诉权，但经验主义的承办律师却任性地认为"法律是法律，人是人"。

我郑重地告诉董事长："我从你的密密麻麻的记录中只感受到一个结论，要么没有律师支持你，要么你选错了律师，所以你才这么辛苦。"

在重大法律事件中应该如何选择律师这个问题上，我的理解是：

（1）你的律师应该是专业的。这点应该体现在他对案件或者法律问题的分析思路上，判断思路是否清晰的一个很重要的标准是逻辑条理性，我通常用"系统性"这个词来概括它。

（2）你的律师应该至少具备公司董事级别的尊严与统控力。原哈佛法学院院长欧文·格雷思沃尔德有一个著名的评价："一个奇怪的现象是，美国许多大公司的总裁不是出自哈佛商学院，而是出自

哈佛法学院。"对于董事长而言，律师可分为两类，一类说"董事长，我们该怎么办"？另一类说"董事长，我的建议是这么办"！

（3）你的律师不应该是免费的。不要相信律师会免费为你提供精益求精的工作建议。如果你拿到一个没有支付律师费而获得的律师工作思路，你不必相信他/她谈到了全部工作路线图；即使他/她谈到了，也建议你不必将其作为首席律师，因为他/她缺乏严谨的思路与职业尊严，一个不捍卫自己的尊严与时间的律师是不懂得捍卫委托人的核心利益的，他/她自己尚且不知道自己的核心价值。

（4）你的律师一定要有大局观或者全局观。并购项目简言之由三部分构成：顶层设计、工作路线图、合同文本。没有律师参与的顶层设计多半存在思路不清晰的问题，这种重组到底是基于资产的考量还是业务的重组，公司并购时是否需要在第一时间关注知识产权以及股权激励制度问题，公司是否设定IPO的计划……

我的一位委托人在我向他请教他为何在完全不了解我的时候选聘我和我的团队时说，"一个律师必须具备讲好故事的能力"，这句话令我印象尤为深刻，当然这或许与他知道我在美国游学的经历有关。

公司僵局造成的股东纷争通常存在不可忽视的严重的刑民交叉问题，在可能的时候，请求政府或职能部门的支持或许事半功倍

在处理上述FK公司与CX公司股东争议案过程中，通过调查与阅卷，我和团队发现问题大量牵涉职务侵占、虚报注册资本、挪用资金、抽逃出资等行为，最终该案因关系到改制企业职工稳定而获得政府有关职能部门的重视。在接下来的时间里，我们请求政府组织工作专班接手目标企业的审计工作，基于审慎的目的，我们通知

FK公司以律师工作建议函的方式提示政府选任审计机构的工作程序，当然这是参照仲裁员选任规则进行的，通过政府网站大数据进行。我们不难发现政府相对比较认可的审计机构的名单，通过对这些公司内部网站的分析，我们找到不同审计机构的专业侧重，FK公司将这些数据与分析以适当的文件方式善意提醒政府有关部门，这点无疑得到了认可。这点在其后审计机构对FK公司的认可与支持度上可见一斑。

作为律师，我想善意提醒的是，在与公共部门对接或配合的时候，谈判团队成员有律师参与和没有律师参与可能有天壤之别，这点我在一次代表委托人参与对某世界级的上市公司谈判时有深刻感受。在那次谈判中，我代表国有企业与该上市公司董事长进行了一轮针锋相对的语言交锋，正是这次交锋，董事长每逢重大谈判场合要求团队中必须要有律师，哪怕律师在现场并不发表言论。现在，包括但不限于盈科武汉，我们的并购律师已经通过自身的能力与盈科精彩的平台获得越来越多谈判对手的认可，从而使更多的交易双方握手言和。

公司僵局中涉及刑民交叉问题的可能解决之道
包括并购，其中以股权并购为主

回到上面的FK公司与CX公司的话题。通过政府组织审计的报告，负责刑法专业的律师很快拟出刑事案件控告材料，剑指对方公司法定代表人，我们感受到了谈判对手的平静，一种没有涟漪的静默，从心理学的角度来评价，这应该是好事，说明我们击中了对方的要害。但谈判也由此陷入僵局。我们似乎失去了谈判的筹码，这是因为我们没有将起诉或者提起刑事控告作为下一步必须要实施的行动目标，这会拉长谈判周期，而且不知何时才到达彼岸。

　　董事会为这个问题进行了多轮的讨论，有时这种讨论持续到深夜，出于审慎的考虑，董事会一致决定，每一次的董事会会议都邀请我列席。时至今日，项目已经完成了一两年，我依然能够如数家珍地道出其中的每一个细节。大家在讨论工作任务分解细节的时候，偶尔不叫我李律师，而是李导（演），大家会有一种一起讨论剧本自编自导自演的快乐，分工甚至细致到了首先分析谈判对方的派出人员的性格再有针对性地组织我们的派出人员，谁唱红脸谁唱白脸，何时我方董事长出场以压制对方，何时我方需要向对方董事长示弱"哭穷"。我的这些大哥大姐们后来似乎也将讨论"剧本"当作一种学习提高的方式。

　　打开谈判僵局的钥匙通常是第三方，在本案中是政府。许多律师容易忽略企业与政府的关系，这是不对的，有两个因素值得注意：一是官员也是平凡人，在讲原则的同时也讲感觉；二是并非所有官员都不勤政或庸政，他们也想匡扶正义，律师需要引导企业给领导们理据支撑。其中很重要的建议是，律师们要习惯做"无名英雄"，抛开律师的身份，协助企业拟文比发出律师函效果要好。实际情况是，企业再次派员向政府呈递请示函以及刑事控诉书，在文件中我们设定了时限强制对方回应，否则后果自负。

　　在超出文件指定的期限三天后，对方非正式口头通知同意被并购，报价两千万元，我方在一分钟之后直接短信发与对方董事长："我方董事会全员毫不犹豫地否决，请再议！"

　　若干天以后，对方在私下与我方董事会和解代表多次接触后，同意我方提出动议，收购我方100%股权，价格最终达成共识。我要特别说明的是，由对方进行反收购的意向是在股东会与董事会的可接受范围之内的。

　　回想起来，细致的谈判策略在其中起到了画龙点睛的作用，甚至可谓致胜关键。我也因此再次兴趣浓厚地将旧日买过的谈判书籍搬上书桌，很多书你读过，以为没有用，但某一天它的作用会不经意地显现出来，天道酬勤。

关于股权并购的程序以及尽职调查的内容，不是本文的重点，不再赘述，相信我的同事以及许多书籍都有阐述，我更想在本文中强调的观点是"思路决定出路"，并购谈判，需要首先解决顶层设计的问题。

细节决定成败

我在组织内部培训为我们的年轻律师讲课时几乎都使用这一个讲题："细节决定成败"之一、之二、之三……在我看来，在搭建了顶层设计框架以后，剩下的就是细节问题，就并购而言，如己方的谈判组成人员，对方的谈判组成人员，价格博弈，合同文本的提出，股权并购中对于法人股的内部决策程序……这些都是需要关注的细节。

我想特别提一下资产收购的问题。大家知道股权收购与资产收购作为两个最主要的并购模式各有利弊，在大多数情况下并购方都选择了股权并购，这或许会成为一种趋势，很多的董事长也随大溜直接指示尽职调查律师按照股权并购的模式进行尽职调查。但在过去的一年里，我们否决了两宗股权并购项目，什么原因呢？或然债务风险太大。

笔者认为，并购团队中必须同时有律师与会计师参与，并且应当列席董事会以及股东会会议，这对于尽可能全面地了解并购情况，提供合适的并购方案有重要作用。

限于篇幅，我试图站在并购方与律师的双重视角上提出一些细节，这些细节，大抵能够在提高并购项目的质量上发挥一定的作用：

（1）律师应该懂得遵守时间，一个不重视时间、不守规矩的律师是不足以在重大谈判项目中辅助决策人的。

（2）没有律师能够对自己草拟的合同抱有绝对信心，这无关水平，而是因为重大谈判信息是随时在变的，美国法学院教授更是强调在不同的时间、不同的地点、以不同的心情将（律师）草拟的合同看三遍。我一直遵循着这个原则。

（3）谈判报价策略是至关重要的，律师应当提醒委托人在报价先后次序以及低开还是高开报价上特别注意。不要以为高开就一定高走，因为对方的律师与会计团队会借此判断你是否在"狐假虎威"，一旦你的底牌泄露，等待你的要么是长时间的静默，要么是对方以"闭口价"态度不留回旋余地地迅速压制。你的结果要么是并购失败，要么是大幅度降低诉求以接近对方的价格成交。

（4）主场与客场问题。我的观点是：如果你发现了对方的弱点，要出奇制胜的话，那么你就主动到客场谈判，你获得的信息是谈判的筹码；如果你准备待价而沽的话，那么你应该选择主场，因为你有权随时说"No"。

（5）律师应该尽可能地在对方提交的合同或者对方修改的合同中发现问题，发现什么呢？我更关注非常规并购项目中对方并购的诚意与支付的诚意，为此，我善意提醒被并购方注意支付方式、期限以及担保问题。你会发现，对方对此问题的闪烁其词，可能存在阴谋或者交易风险。

（6）律师应当仔细研读目标公司的公司章程，不要想当然地认为"这不过是格式条款，我都懂"，更多的信息隐藏在股东以及股权的结构中，通过这些信息，你会发现谁是实际控制人，其中是否可能存在关联交易，是否存在商业贿赂，谁是最终决策人。

（7）为数不少的董事长在欣慰并快乐于并购的即将成功时，往往容易忽略内部决策程序，如董事会决议、上级主管部门报批程序、职工代表大会程序、工会程序等。

（8）在并购中需要关注小股东，包括己方小股东以及对方小股东的利益。这是因为不排除各自公司章程存在限制性规定，决策层不能也不应该当然地任性而为，仔细阅读章程非常重要，哪怕都是格式条款。

并购谈判与策划中的律师—委托人关系

以下所述不能称作全面观点，但至少是笔者在对抗性的谈判项目中的经验总结。

（1）在如严重公司僵局类对抗性谈判中，律师最好不要太早走到台前。在本项目中，"尽职尽责"的董事会另行选聘了一位专业水平不高的律师起草几份存在语法甚至是逻辑错误的公司文函，这可能会带来严重的法律后果。

（2）谈判律师需要理性地认知到，你需要协助委托人追求商业权益，而不是追求法律表达与表现的极致，律师不要沾沾自喜于委托人的赞扬，专业表现的一个值得圈点的境界是宠辱不惊，保持你的职业理性与职业尊严。当然，你在协助董事会做出论断时需要明示律师不支持违法行为。

（3）对抗性的谈判（包括并购）的重心在交易结构的确定，除此之外绝对是尽可能精益求精的谈判策略的制定，这会提振军心、增强斗志、激发灵感，同时，大家不会轻易被谈判拖垮，陷入谈判僵局时你会发现团队合力是多么重要。

（4）在对抗性的谈判中需要处理许多文件，并购律师应当融入策略制定程序中，去指导哪些意思表示需要书面发出，哪些文件需要派人传递口信，此时需要攻防两种性格的人员参与，不要触及底线避免崩盘是双方都会注意到的，但不是双方决策者最终都能够守得住的，口信某种程度上代表了缓冲。

（5）在并购谈判中，信息对称是至关重要的，为了保证这一点，并购律师和会计师团队应就并购相关事项列席公司董事会。

（6）通过对对方的法律性文件专业水平的分析，并购律师如果能够给董事会提供尽可能详尽的分析意见将获得董事会的青睐与信任，至少笔者这么认为，拥有一个他日可以津津乐道的可圈可点的并购项目成功案例对于律师而言不失为一件快事。

（7）对于并购企业决策者而言，在并购谈判团队中，如果没有律师与会计师的参与，要么说明你的企业还小，要么说明你的团队缺乏做大的能力与意识。

法律危机背景下的律师策略解码

法律是一门相对比较客观与全面且具有战略高度的学科。

——李军

2015 年，一栋房屋的起火引发武汉全市百姓的关注，加上网络的渲染，一天的工夫，全国皆知。

失火本身已经是公共事件，再加上百年建筑、国有资产、旧时法国租界……消息在网络上迅速传播。

我刚担任该公司常年法律顾问，按照预约，我应该在收到通知的次日 14 点 30 分与董事长及董事会见面。

凌晨 0 点 50 分，手机响起，董事长亲自来电话，客气地与我商量是否能够马上到公司。我有点没反应过来，甚至怀疑我的窗帘密闭得过严没有透光，我再次确认了一下时间：手机＋手表，没错，是希望我凌晨 2 点到公司去。

我小心翼翼地问了一句："董事长，出大事了？"

董事长说："你没有看新闻吗？我们子公司旗下的资产起火了，百年建筑，省长都关注了。"

我赶紧说："马上到！"这是我第一次在凌晨到岗。但在凌晨才离岗却不是第一次。

工作人员全部到岗。大家都在忙碌着。整个办公空间，大家大气都不敢出，蚊子飞的声音几乎都能听见。

　　我喝第一口水时，中层干部已经落座，董事长召集开会。

　　前一天下午3点，公司旗下参股子公司某饭店失火，起因不明，传闻是因为民工电焊引起的火灾。副省长亲临现场，省国资委领导、公司董事长均在第一时间到达现场。因为是百年老店，周围的老百姓纷纷到现场拍照，网上各种言论甚嚣尘上。风头指向国有资产保护不利，问责之声一浪高过一浪。

　　情况一介绍完，董事长接着就问："李律师，你有什么建议？"

　　我点了一支烟——其实我需要一点时间思考，说了我的想法。

　　第一，麻烦法务部将我们公司的背景以书面证据的方式给我介绍一下，一会儿我们单独聊，不影响大家的时间，在没有了解事情的全貌之前，作为律师，我不好发表任何建议。

　　第二，鉴于事件敏感，希望公司自上而下不对外发表任何言论，如果员工违反此条纪律，且造成不利影响，建议公司问责。任何言论包括自以为有利的、自以为不利的以及感觉噎在喉咙里不得不说的话，统统不要说，现在不是发表言论的时候。从现在起，不接受新闻采访。请行政部关注一下是否有市民到公司门口拍照，及时报告有关领导。

　　第三，可能上级会要求在第一时间看到书面报告，起草相关文件的流程是：相关部门起草—法务部审阅—律师审查—副总审阅—总经理审阅—董事长审阅，原则上未经董事长签发的文件不出门。可能需要做出公开声明，建议在情势严峻的情况下优先考虑发表律师授权声明，此时公司声明缺乏公信力。此项工作与首份工作汇报内容相近，同步进行。

　　第四，除了行政问责以外，可能会马上涉及刑事追责问题，法务部首先内部核查在此事件中是否存在直接责任人与负领导责任的人员，请在第一时间告知我。同时，请行政部将公司的相关规章制度文件准备好。

第五，以上几点建议供董事长考虑，我的观点是先解决当下问题，其他工作，根据接下来发生的事情随时调整。

董事长点了点头，同意我的建议，大家分头做事。

一个小时后，我研读完了相关文件，我向董事长报告我的初步分析意见：

第一，起火房屋虽然与我们有关，但我们只是出资方，房屋所有权不属于我们公司；

第二，原则上我们不承担管理责任，因为资产已经移交；

第三，我特别注意到子公司名称与我们公司旗下出资公司名称极度相近，目前出现的公众关注其实是因为两个单位的名称过于相近；

第四，从法律角度我们不应当承担责任，但客观上我们依然无法摆脱公众将事件与国有资产相关联，这种关注会给我们公司造成影响，但暂时是无法避免的；

第五，如果我们公司在子公司方面派出了股东代表，而根据子公司的章程或管理规则其正好分管安全问题，那么他可能需要负刑事责任，不能说必然，但可能性极大；

第六，董事长需要迅速梳理向上级公司汇报的思路，我想顺便提醒，这些观点对你们而言过于乐观，容易让人不敢接受，所以谈话方式需要低调一点；

第七，我会协助法务部起草公司介绍文件，同时提供相关证据给辖区内公安机关，避免其对法律关系出现误判，抓错人；

第八，我们的谈话注意保密，决策层知道即可。

实践证明，这些工作预案在紧急情况下是有效的，至少解决了大家思路不清的问题。

接下来的几天，原来山雨欲来风满楼的形势大有好转，来自上级公司的压力也小了很多，显然，上级公司得到汇报以后认可了我的分析意见，也基本同意了我们的方案，与此同时，对外的新闻稿似乎让媒体觉得少了些看点，舆论的关注度以及负面新闻少了很多。

未过几日，子公司的董事长兼总经理、副总经理、现场施工的管理人员、现场施工人员，悉数被批捕。我忘记介绍，在这个子公司中，国有资产占比35%，非控股股东。

最终，这起事故除了让总公司意外地出了一次镜，基本未造成其他负面影响。

我试图从律师的视角将这些不一定全面但可以救急的经验总结如下，算是给决策者们一些建议：

第一，当出现重大法律危机时，一方面，需要以现场为出发点对事件进行紧急处置，如伤者、物资、费用等问题；另一方面，需要从损失的角度对事件的影响进行评估，如直接经济损失与间接经济损失。

第二，重大法律危机必将引发媒体关注，在网络自媒体时代，信息的传播极其迅速，信息量极大且五花八门，面对媒体时，决策层对公众舆论的表达需要慎之又慎，一旦言语出错，容易招致"飞来横祸"。轻者是行政问责，重者是刑事责任。善意的建议是，在第一时间约见律师共同磋商，在经验丰富的律师建议下处理通过媒体发布的文字稿，特别注意避免"政出多门"，由指定部门和人员单一口径对外为宜。同时，公司内部有必要宣布纪律，禁止非有关人员擅自对外发表公共言论，违者当罚。

第三，即便作为决策者，在重大法律危机面前亦应避免过于自信。当牵涉法律责任问题时，对事件的性质、责任人、时间、地点等关键因素的落实是重中之重，获得这些线索后，建议决策层组织包括但不限于行政部、法务部、财务部、纪委等部门从多角度评估事态，避免出现认识偏差。向主管部门提交的书面文件应字斟句酌谨慎处理，同时应注意排版、文字准确，避免领导层面第一印象误判"吃闷亏"。

第四，建议在第一时间主动向辖区行政机关报告情况，报告文件应在律师的指导下完成，避免词不达意，或者让人产生"欲盖弥彰"的误读。反过来说，你不在第一时间报告，如今的网络信息不会比你慢，所谓的第一时间几乎只能等同于一个"态度的问题"，您懂的。

第五，重大法律危机背后通常随之而来的是：民事赔偿责任、行政问责、纪律处分甚至刑事处罚等。决策者应在律师指导下理性判断法律后果，切勿做出回避或推卸等适得其反的行为，要相信"法网恢恢，疏而不漏"这句话。

第六，牵涉民事赔偿责任层面需要理性判断，包括赔偿主体、赔偿范围、赔偿数额、赔偿时点、过错分担方面的问题，除非法务人员经验足够丰富，建议问律师为宜。

第七，有关赔偿的谈判是个比较的专业的问题，为此，笔者援引了一些商务谈判的原则供读者参考。

商务谈判的原则

原则一：实事求是

实事求是就是要从客观实际出发，按客观的规律办事。在商务谈判中，实事求是的原则是非常重要的。"实事"就是不管谈判的哪一方，都要根据事实做出合理的判断，采取恰当的措施，不能远离客观的事实，一意孤行，否则会越来越远离谈判的目标。在"实事"的同时，也要注意"求是"。商务谈判的双方在谈判开始之前，应该先做好、做足功课，充分采集正确的信息要做到知己知彼，这样才能寻求一个平衡点使双方都满意，使商务谈判顺利进行。

上述案例中，一方守名，一方逐利，作为民事非诉讼案例，在要求各方签署保密协议的基础上是可以谈判的。

原则二：平等互利

商务谈判的双方都要遵循平等自愿、协调一致的原则。不论规模大小和资产多少，在谈判时，双方都是平等的，没有高低贵贱之分。同时，双方也要达到各自的目的，要在不对自己一方造成很大困扰的前提下，做出适当让步，提高谈判的效率。

就上述案例来说，客观评估利益对于支付方而言是需要理智的，有两个事项需要综合评估：（1）支付方的远期利益与现金利益之间的权衡；（2）商务谈判的策略。

原则三：合法

这一原则在商务谈判中毋庸置疑是必须遵守的。不管做什么事，守法是前提。在谈判的过程中，不仅要遵循本国的法律和政策，还要遵循国际法则，尊重别国的有关法律规定。商务谈判所签署的协议，只有在合法的情况下才具有法律效力，才能保障谈判双方的合法权益。

原则四：时效性

该原则就是要保证商务谈判的效率和效益的统一。商务谈判要高效地进行，绝不能进行马拉松式的谈判，否则对谈判双方都会造成很大困扰。

法律视角的商道

这本小书的书名是《出庭》，虽然不是每一篇文章都与"出庭"这个话题有关，但每一篇文章的思维逻辑都与"出庭"有关联性。

这需要说到律师业务中的诉讼与非诉讼问题，在笔者看来，作为一名律师，只有熟悉法庭诉讼规则，了解裁判思维方式与裁判规则，才能精确预判法律风险。

就商事法律服务工作而言，合同全过程管理法律风险防控是重中之重，应该说，一名具备丰富法庭实战经验的律师在日常法律顾问工作中能够更好地服务于企业决策者，盖因其"知其然而知其所以然"。

笔者以法律人的视角去解读商业、商人与商道，其中案件，皆是他人败笔，愿读者诸君有所思。

01　契约精神关乎企业命运

"诚实信用原则"被称为民法中的帝王条款，指的是民商事活动中的契约精神。

经过几日审慎的思考，我们决定解除与一家公司的委托代理合同关系，不再继续担任其委托诉讼代理人，在笔者个人的执业生涯中，这并不常见，当然也不应当常见。

Y总经朋友介绍认识了笔者，Y总的公司在一起仲裁案件中败诉，这次败诉使公司承担近五千万元的赔偿责任，这个数字足以将公司"一夜打回原形"，十年的经营毁于一旦。

笔者详细阅读了仲裁案卷材料，建议按照仲裁法规则通过申请撤销仲裁裁决程序以及申请不予执行仲裁裁决程序力图实现裁决改变。在沟通过程中，基于律师职业审慎的考虑，我们向当事人特别强调了申请撤销仲裁裁决的败诉概率很大，法院对于撤销仲裁裁决的支持率仅为0.8%，换言之，99.2%的申请将被驳回，作为律师，我们不能包揽诉讼。当事人是理解的。在律师委托代理合同中，我们并未约定案件如果出现败诉则律师方应承担相应律师费的条款，即：律师方并不按照共担风险的收费规则进行收费。

我们按照约定签署了律师委托代理协议，约定了律师费支付金额以及支付期限。出乎意料的情况发生了，在律师方进行深度案件研究并提出相关工作文件后，当事人忽然表示他们不能全额支付约定应付之律师费，这着实让人感到错愕，因为在我们律师方看来，这种情况是不应该发生的，这牵涉一个诚实信用的问题。

当事人向我们表示了"深深的歉意"，并再次约定了支付时间，基于彼此之间存在一定的信任以及朋友关系，笔者律师团队选择了继续信任，遗憾的是，案件在第一阶段"意料之中"地败诉了。

我们按照约定可正常进入向法院申请不予执行阶段，相关法律文件均已处理完毕，只需递交法院即可。

这时，委托人打来电话，在其并未按照约定足额支付律师费的情况下，要求终止合同并退还部分律师费，听闻此言，笔者回复道："我很遗憾我做出了一个错误的决定：我从一开始就不应该与缺乏契约精神的决策者打交道，我也不相信一个缺乏契约精神的企业能够走得很远。"

这样的企业，是沦陷在了法庭的论辩之中，还是死命于经营者肤浅的格局？

02 将法律当作摆设的成本很高

担任企业常年法律顾问是律师的基础业务，审查民商事合同是律师的一项日常工作，在"常来常往"中，企业联络人与顾问律师多半也成了朋友。

对于难度系数不高、具有共性问题的合同，时间久了，笔者会在征得委托人同意的前提下交由助理处理，他们的学理水平亦已得到委托人的认可。

记得有一次，顾问单位发来一份被我们称为"常规合同"的经济合同，这份合同是此前已经签署过的合同的补充合同，该合同的律师审查是由我们的前手律师事务所处理的，出于负责的考虑，笔者致电要求顾问单位提供合同相对方的名称，顾问单位联络人已然是我们的老朋友，回复说："李律师，没有必要吧，我们只是按照程序给你过目一下就行了。"因为我们彼此熟悉，他对我的坚持给予了理解——但摇了摇头。

我们查询了合同对方当事人的信息以及涉案情况：该公司已于半年前处于营业执照吊销状态，且最近涉诉（被告）索赔案件频发。读到这些信息，联络人无言，开始用手擦汗，我理解这种"冒冷汗"的感受。

我们提出了一系列专业的建议：

第一，查询其股东情况，在确定对外工作方针的基础上约见全体股东并形成影像资料与书面文件材料；

第二，明确所涉建设工程项目是否存在转包情况，最大限度避免卷款逃逸、恶意停工、民工索酬的情况；

第三，将付款节点由先付改为后付，对于民工工资由间接支付改为直接支付；

第四，在后续的补充协议中与在册全体股东设定担保条款，要求对方对潜在全部法律风险承担不可撤销连带担保责任。

多时以后，项目完成竣工验收，我们的联络人说起此事，叹了口气，再次摇了摇头。

03 初一要想到十五

最近一则新浪财经新闻引爆了资本市场，让人大跌眼镜。

《业绩造假22亿　股价暴跌80%：瑞幸闪电上市神话破灭》，继两个月前否认浑水的数据造假指责之后，瑞幸咖啡此次主动披露业绩造假22亿元。业内人士分析，瑞幸造假事件，会给中概股企业在海外的形象、融资、业务拓展等带来一定的负面影响。在当前的形势之下，瑞幸咖啡后续是否会出现员工动荡、上下游供应链挤兑、加盟商维权等风险，仍未可知。在瑞幸的公告中，瑞幸咖啡将造假责任归咎于COO刘剑及其4名下属。当晚，瑞幸咖啡发布内部信，称已将相关当事人停职，且其负责工作已安排其他管理者接任。

谁都需要成功，谁都希望早些拥抱成功，谁都渴望找到成功的捷径。

为了早些拥抱成功，当遇到在他们看来非常专业的资本大咖时，一些企业经营者选择了"专业人做专业事"，一切依令而行。企业，完全成了这些"优秀投行"的棋子。

一系列操作让外行看得眼花缭乱：股权重组、营业额暴涨、现金流充裕、员工股权激励、新三板挂牌，IPO仿佛近在咫尺，唾手可得。一幅绚丽的资本画卷出现在企业决策者们面前，他们甚至可能忘记了他们在经营管理上不曾用心付出。

商业之道，需要脚踏实地，不可急功近利。初一不想十五，带着这种侥幸心理去经营，企业生命力必不长久。

幕僚长

过手如登山，一步一重天。

——电影《一代宗师》台词

尹总从荆州过来，很快就和我签订了律师聘请合同，这种效率与态度出乎我的意料，他给我发来一条手机短信："法律顾问兼特别助理"，我回复说："谢谢，我会尽力。"

后来他在向他的管理团队成员介绍我时给了另外一个很洋气的说法——幕僚长，坦率地说，我喜欢这个称谓。

时间过得很快，尹总和我认识18年了。应该说，这18年来我们除了保持良好的朋友情谊外，我参与了他的企业所有与法律有关的重大决策，以至于公司的人员都知道李律师如果来了，一定是有重大的事情要发生，或者是遇到大案了，或者是将提出重大决策。因为平时出现在公司的律师是荆州本地的，而我在武汉。

我已经习惯为了吃荆沙财鱼开车两个半小时到荆州现场办公，所以尹总每次必会以财鱼招待我。这个开车的过程对于我而言是休息，可以不用思考问题。

2002年，他大约恰好在我现在这个年纪，或者应该还比现在的我年轻一些，但在我看来，那时的他成熟与老道是我不可企及的。他原是中国某进出口公司广州公司的总经理，后来辞职下海，从事食品生产与销售，主要还是以出口为主，风华正茂，意气风发。

我们之间的相识源于邓总的介绍。当时，尹总与深圳一家食品公司签订魔芋销售合同，但最终对方没有付款，于是尹总委托律师在湖北荆州市法院起诉对方。这不是主要问题，问题是自负的律师没有做任何调查，竟然凭对方来函的一页信纸的抬头就列了被告的名称：某某集团某某公司，实际上这个集团子虚乌有。

被告代理律师自然是以告错对象为由提出强力抗辩，1997年的审判庭，程序法的执行还没有像现在这般严格。不排除地方保护主义的原因，审判庭在原告表明系笔误以后直接将被告改成了正确的企业名称并迅速做出了判决，被告提出上诉，理由是程序错误——应该撤诉后重新起诉。二审在当时的审判理念看来没有争议地做了判决：驳回上诉，维持原判。

原告方进入执行程序，被告方执拗地申请再审，据说法警已经将对方的车辆进行了强制扣押，这时接到了湖北省高级法院的通知：案件停止执行，本案进行再审。

结果亦没有悬念：撤销原判，驳回起诉。

邓总就是在这时将我介绍给尹总的，现在想起来觉得自己当时青涩得不行，但勇气可嘉。

看了所有的法律文书以及证据，我说："只是程序出了问题，我们应该在深圳起诉，避免再出现程序错误。"

尹总更愿意相信问题在于对手巨大的后台的影响力，激愤溢于言表地说："我们在荆州本土'搞不定'对方，难道我们在深圳对方的码头去起诉还能够'搞定'？"

于是就这样放下了，这个案件成了尹总心头的痛，对于倔强不服输的他而言，这不是钱的问题，这是他下海以来经历的前所未有的失败，这种不良的感觉超越利益本身。他多次与我探讨，但始终没有下定决心。

在该案诉讼时效届满前的最后一周，我发去短信："尹总，离诉讼时效届满只有一周，您确定要认输吗？我想提醒，过了此村，再无别店！"我很少使用感叹号，短信中我似乎用了三个感叹号。

他回了短信："你过来一趟吧。"

在诉讼时效届满的前两日，2002年12月24日，他最终给我签发了授权委托书，次日，我在深圳市某区法院立了案。

距离诉讼时效届满只一日。

立案窗口的法官说："你们的算术题做得真好"，她说的是诉讼时效。

是什么让尹总最后决定由我去深圳起诉？细节决定成败。

在尹总决定起诉后，我再一次赴荆州，之前已经去了四五趟，并不完全为此案，但绝对会谈到此案。当尹总正式决定起诉的时候，我重新看了一遍所有证据材料。

清晨，我在宾馆给他打电话说："老板，我很抱歉，我最后发现这个案件已经超过诉讼时效了。"

"或许还有办法解救，但你可能需要得罪人。"说这句话时，我觉得自己像一个冷面杀手，冷酷无情。此时风亦冷。

为什么到最后才发现诉讼时效的问题？因为在咨询案件的时候通常不会注重程序问题，更多地在讨论案件的胜诉概率与理由。

直到要准备起诉状了，才需要真正研究全案的材料，检核程序与实体（尤其是证据）问题。准备案件起诉状时，那份"诉讼时效过了"的来自荆州市中级人民法院的驳回起诉的裁定书才到我的手上，并且诉讼时效已经超过快两年了，所以不能算我的责任。

我开始复查所有的证据，寻找突破口。

我觉得我做律师的快乐似乎多有司法之神明的眷顾。

尹总被我像"审犯人"一样询问了所有细节，最后发现，再审的裁定书没有送达。

该案由湖北省高级人民法院指定荆州市中级人民法院再审，法院判决尹总败诉之后，尹总觉得败兴没有派人去领取法院裁定书，而法院书记员也忽略了送达，以为反正终审败诉了当事人也就放弃了。很长时间以后，尹总出于对败诉理由的好奇又派人去法院复印了一份裁判文书。

我要特别说明，这种低级错误在现在的司法环境里是绝对不会出现的，但在 20 世纪这种状况甚至连错误都算不上——程序补正就好了。

那些年法院的程序概念没有现在那么严谨，法院书记员没有让当事人签收文书的送达回证，即是说法院缺乏证据证明向我们送达了裁判文书，我们的诉讼时效起算点需要自知道我们的权利受到侵害时即我们签收送达回证的这一天才开始计算。

尹总自然是得罪了法院。但他确实必须获得送达回证。

理亏的法院只好给我们重新签发了送达回证。在再审裁定生效近两年后，我们才得到法律文书的正本。

每一个案件，都会有它的出彩之处，质证、辩论、法理，让人兴奋雀跃的峰回路转，就本案而言，一份未送达的裁定书最终挽回了诉讼时效。

我心里知道，在对方律师眼中，那是我的"死穴"。

透过庭上对方律师看我的表情以及他与当事人的交头接耳，我大约知道他还没有从上一次庭审由完败到逆转的快乐中走出来。我承认，我没有把握。我感觉他只准备打我的"七寸"。

法庭上关于诉讼时效的辩论非常紧张，对方律师指出，"被告方郑重提请法庭注意诉讼时效已过，原告理所当然地丧失胜诉权"。

显然审判长也对这份法院的送达回证疑惑不解，审判长发问："原告，请你们解释一下诉讼时效相关的证明文件是怎么回事?"

我老实巴交地说："那是因为法院没有送达，我们不应该为法院的失职埋单。"此时我顾不得考虑这种说法是否会得罪荆州法院。

"但原告是承认他们在法院复印了裁定书的。"被告律师气势如虹。

"我想提醒法庭，送达文书是法院的义务，送达程序是案件审理的最后一个程序。我倒愿意同意，我们手上即使存在一份原件也可以解释为法院送达了。顺便说一句，'在法院复印'这句话是被告方说的，不是原告的说法。"

作为律师，我有权利认为被告律师缺乏证据的说法不能代表事实本身，因为他不懂得法律术语背后的内涵。

律师会说谎吗?我在说谎吗?

我只能说，请先定义说谎的概念，再讨论这个问题。

我只确认证据能够证明的事实，尤其在法庭辩论中。因为没有时间考虑其他问题。

诉讼时效对于对方而言算"一夫当关万夫莫开"的天堑。

"我们怀疑原告律师协助他的当事人伪造证据!"被告律师几乎要歇斯底里，他拿笔的手在空中挥舞。

"以被告律师处理再审案件的专业能力，我相信您运用法律的理论水平不可能在这个问题解决方案之下，我研究过再审案件之后认为您比我更高手。"我回应道。

我注意到书记官抬头看了我一眼，我很满意这个说法。对方无语。

最后由一审法院审判长向荆州这边法官电话询问关于送达回证的细节，这些细节被记入庭审笔录，并成为法院判断的关键。

解决了这个问题，案件便没有太多悬念，我们胜诉。

其实我想说，并不是所有案件都很难，对于败诉当事人而言，他们只是遇到了一个不靠谱的律师而已。

尹总在扬眉吐气地对外公布我们终于出了口恶气以后陷入愁云，因为我们列了两个关联公司作为被告，最后法院判决了那个壳公司（没有偿债能力的公司）承担全部债务。

"上诉！"我说。

尹总没有上诉，他把这个案件判决书当作纪念放在了案头，不再提它。我依然偶尔从武汉到荆州去散心，我们也很少再提这份判决书。

直到有一天，我说："尹总，我也不服气，你出差旅费，我来申请检察院抗诉。"尹总看了我一眼，说："行吗？"我说："试试吧。"需要解释的是，按照现在的法律规定，没有经过二审，原则上检察院不会支持抗诉申请，但2003年时还没有如此的司法解释，我认为这个规定是对的。

我们郑重向深圳市人民检察院递交了抗诉申请书，等候通知。

大约三个月后，深圳市人民检察院来通知：抗诉！

检察院抗诉，则人民法院必须重新审判。审监庭资深法官亲自负责本案的审理，法庭辩论，洋洋洒洒，若是现在，我应该没有那么多话，更能切中要害，但谁又没有年轻过稚气过？

法院居然经历了一年半没有下判，一年之内开了两次庭，每次庭审不超过一个小时。我给审判长打过无数次电话，他说提交审判委员会讨论，等通知，在忍无可忍的情况下，我通知尹总住在法院楼下招待所，等判决。判决书下达，我们胜诉，两个公司承担连带责任。

尹总阴云密布的脸上终于有了笑容，这次他是真的扬眉吐气了。

对方上诉，案件合法地进入二审。因为有过在荆州市中级人民法院再审程序中被彻底翻盘的经历，尹总对于二审颇有些发怵，以至于他甚至没有参加庭审。

二审的法庭审理经过了两个半小时，而一审经历了一年。

驳回被告方上诉，维持原判。这次尹总彻底胜诉了。

以后的数年间，只要我到了荆州，尹总无不对他的朋友眉飞色舞地谈到本案的惊险，无不夸耀我的坚忍与无畏。

是的，没有当年我的青涩、无畏、执着，这个案件便真的成了一张胜诉的"白条"，尹总的创业史上，那一道伤，永远抹不去。

申请执行到执行完毕，我们用了三年，对方董事长甚至亲自飞到武汉，说："如果换个律师而不是李律师您，我们就申请再审了。"我说："谢谢你们的抬举，你们的律师很棒！"

这个案件，我收获了律师职场的第一桶金：首个一百万元。这也是我人生中的第一桶金。

多年以后，每每我向尹总敬酒旧账重提表示谢意时，尹总说这笔钱命里注定是属于我的。拿到支票的那一年，我已有车，开车从荆州回武汉，将支票交给我太太，她不太相信是真票。

我从常务副总经理到自创公司任总经理，又于 2004 年回归律师行业，从实习律师开始到专职律师、合伙人、高级合伙人、股权高级合伙人。一路走来。

　　每一次更换律所，我会去征求他的意见，尹总会说："去拼吧，小子，我看好你！"

　　现在，我依然喜欢偶尔去荆州，无论多忙，尹总都会抽空接待我，陪我吃财鱼，他到武汉，我则陪他吃小龙虾。

　　在我劝谏了他多年以后，终于，他决定将总部迁到武汉。

　　他说："你来，做我的幕僚长。"

　　我说："我一定尽心尽力，老板。"

　　写这些文字时，想起那句"回头蓦见，那人正在灯火阑珊处"。

成了破产企业债权人

在我们律所因为进入高级法院破产管理人名册，讨论由高级合伙人及部门主任领衔组建本所破产管理人委员会及确定委员会成员的时候，大家不知道，我已经是破产企业的债权人。

那是我的委托人单位，Q公司。

律师，办着案件，应该收律师费的人，却成了委托人的债权人，还是破产企业，我也有些无语，以至于破产管理人——也是律师，直接打电话来说："我们领导债权人建了一个群，考虑到您的感受，没有将您拉进群里。"比我年轻的律师，在电话里用了一个"您"字，应该算是对我的尊重了。我说："非常感谢你们善意的安排。"

我应该不会进这个群，从律师发来的截图来看，有二十多个债权人——也包括我在内，其中有三个单位还是我作为Q公司的诉讼委托代理人的对方当事人——当然是败诉方。现在这三家单位和我的法律地位平等了，都是债权人。

我在电话里对破产管理人说："你们的任何决定我都支持，告诉我结果就行了。"

管理人说："谢谢。"

破产管理人律师在电话里用采访般的口吻问我："成为债权人后悔吗？"我的确很纠结，但我最终还是回答他："总体而言，我觉得不后悔，因为我是律师，我不能让我在最高人民法院很不容易取得胜利的案件被打回'原形'，这是我的尊荣所系。"

"多灾多难"的汤总认识我也颇费周折。通过刘总介绍，我们的第一次约见在一个茶馆，天下着蒙蒙细雨，我喜欢这种阴雨霏霏的感觉，莫名地觉得这个案件应该不复杂。等了一个小时不见人来，刘总知道我不喜欢等人，赶紧打电话催问汤总，说大约需要再等一个小时。

通过与刘总的闲聊，我大概知道了案件的一些细节，汤总原本是我家乡的常务副区长，因事获罪，刑满后投资一个房地产项目，诸事不顺，诉讼缠身，每个案件都聘请律师，但没有胜诉过一场官司。用刘总的话说，他都看不下去了，才向老汤推荐了我。这种受宠若惊足以让我无怨无悔地再等一个小时。

又两小时过去了，还是没有来，对方来电说，"实在对不起，要不改约"。我说："以后吧。"

于是便忘记了这件事。又过了三个月，一个陌生来电，是我已经快要忘记了的汤总。

我们终于见了面，一系列"苦大仇深"的案件，最终归于一个脉络：汤总通过收购股权成为一个房地产公司的控股股东，签了两份最重要的文件，一份章程成为控股股东，一次投资开启噩梦。

噩梦始于一个条款——"本协议签署前以及之后的债务均由投资人承担，其他股东待项目收益后以利润归还。"

此份协议以后，公司被牵涉进一系列诉讼，而公司逢讼必败。

问题出在哪里？出在原有股东恶意串通大肆利用掌握在手上的公司公章制造虚假合同，与各自掌控的公司肆无忌惮地制造关联交易，掏空公司资产——这些资金，与其说是公司的流动资金，不如说是利用前一份投资协议骗来的可怜的汤总的血汗钱。数年过去了，他才从我的嘴里第一次听到这种推理，那一刻他呆若木鸡，一个劲地嗫嚅道："不可能，不可能。"

用他的话说，这是第一次听到让他能够清晰理解的案件分析。

他说:"三年以来我终于明白'死'在哪里了。我一直认为这是我的错,与他人无关。"

意识到这点以后,便可以比较轻松地锁定关联交易,于是有一些案件开始自行撤诉,有一些上诉案件发回重审。一些债权人对此项目重新恢复信心。

让我成为 Q 公司破产债权人的案件只是这些案件其中一起,我接手此案时高级法院已经终审,造成这种局面的根本原因是未将各个案件联系起来分析,各个案件串联起来以后,旁观者便很容易看到其中的端倪。

在这起向最高人民法院申请再审的投资合同纠纷案件中,我是再审申请人的代理人,在最高人民法院法官的协调下,我们为委托人将原来总支付额为一千八百万元的执行标的通过谈判降低了一千万元,最终金额是八百万元,这是极大的胜利,也是我在最高人民法院的"首秀"。

很遗憾,审理本案的尊敬的最高人民法院 F 法官在本案终结两年后英年早逝,我至今依然记得他凝神思索的神情,那是最高人民法院我接触过的几位资深法官共有的表情。

在签署调解协议时,对方对支付时间提出了附加条件,如果不能按照约定时间支付,则还原到原判决执行——回归原点,我极其慎重地询问委托人在支付时间的安排上是否有问题,委托人知道我的脾气,依然很自信地回答我:"李主任,放心,没有问题。"作为特别授权代理人,我在和解协议上签上了我的名字。在最高人民法院的那棵百年古树下,难得轻松一下的委托人还主动提出拍一张合影以示纪念,我愉快地答应了。

支付日期迫近,我提前致电询问委托人是否能够如期支付对方,一阵沉默,说"可能存在问题"。我几乎是咆哮着说:"你以为我在最高人民法院签字是开玩笑的啊,这是一千万元啊,你迟延时间的后果是回到原点啊，还要另外增加八十万元的违约金。你知不知道！"

电话那头还是一阵沉默。

我不得不在支付日到来之前两日致电原告方，想商讨是否能够宽限几日，对方在电话里说："李律师，你让我损失了一千万元，现在你让我宽限几日，如果你是我的律师，你会给我什么建议？"我说："不考虑宽限，但你觉得从你的良知上来说真的不能宽限吗？"——因为他知道，我们最终接受了他在最后一秒提出的增加五十万元的谈判要求，我的当事人说："你给了李律师面子，我们也给你面子。"

时间终于还是超过了最高人民法院调解书确定的首期款支付日，在超过三天之后，原告打电话过来说："李律师我敬重你，如果你的委托人能够在未来三天内支付，我可以不追究违约责任。"我说："谢谢。"

汤总在电话的那端沉默良久之后说："李主任我尽力了，我实在拿不出来了……您是否能够考虑先借给我首期款（也就是说将他向我支付的律师费再借给他们公司）。"我犹豫了，我没有这个义务，他知道。

第三天，我去电原告，告诉他我先替他们出。

原告说："李律师，汤总接管这个公司以来，他从来没有胜诉过，一直到你出现，就冲这一点，我认了。"

于是我成了破产企业的债权人。

三年过去了，有时太太和我在吃饭时聊起我们家的一笔欠款，她问我后悔吗？

我说，我后悔，但是我是律师，这是我在最高人民法院的首秀，这是我的职业尊荣，我不能后悔。

路还长，我无悔。

汤总再未见过我，我也没有再主动提出见他，我相信，当再次出现疑难案件时，他多半会怀念起那个老乡律师的。

服务老东家

在实现律师之梦的道路上，困难重重，你必须要有耐心。

而恰恰是这种耐心的培养，将是你一生之中最宝贵的财富。

——张勇《远见》

01 拆迁补偿纠纷案

我介绍过，我的第一个工作岗位是省水利系统某二级单位的职工，那时有一个国家干部编制就是父母对子女人生的最高期待了，我的父母如愿以偿。

父亲从部队转业，我们家从广东搬到武汉，父母就在这个单位——H公司（这是改制以后的单位简称），我算子弟，但直到我遂了父母心意回到这个在别人看来是"肥缺"的单位，我都没有"子弟"这个概念。

这个概念在我心目中的回归源于胜哥向H公司领导推荐我担任一桩案件的代理律师。再次到这个单位时，已物是人非，当初那些我喊着叔叔伯伯的处长科长都已经退休，胜哥已经是核心中层领导干部之一。

胜哥在年龄上并不是哥，我们曾经在一支船队共事，我在驾驶部，他在轮机部，我在工程船上，他则在拖船上，对于疏浚工程船而言，拖船是不可或缺的引力船。胜哥年纪略比我小，我们共事时他留着一副络腮胡子，显得比我老成，且带沧桑感。我则一副娃娃脸，因此我认为我比他小，他认为他比我大，我就这么乖乖地喊他"胜哥"，他亦这么愉快喊我"小李子"喊了三年。直到有一天我们在一起喝酒，他为了买飞机票在电话里告诉别人他的身份证号，我才意识到我吃了大亏了。

他亦不好意思，我逼着他连喊我"哥""李哥""老大"才觉得找了点本回来。这事儿，至今还是老朋友们一起叙旧时的笑谈。

截至 2019 年，我已离开 H 公司二十三年，在我自己买了房搬离父母身边后，我离开了曾经生活了二十四年的小院。我几乎淡忘了我曾经是 H 公司的一员。

再以案件代理律师的身份去单位，遇见许多院子里的发小——大部分的小伙伴依然留在这个单位，叫"单位子弟"吧，我才意识到：我也是单位子弟！时间已经过去了太久太久，久得我已经忘却了曾经的来路。

因为这种久远回归的情愫，我对案件格外投入，毕竟是单位子弟，咱丢不起这个人啊。

案子并不复杂，但对于决策层而言，涉案金额比较大，超过一千万元，所以领导层在选聘律师时极为慎重。这时胜哥向领导推荐了我。

分管领导——纪委书记考察、较懂法律的财务总监考察、常务副总考察，然后他们再进行合议，最终决定由我来担任出庭律师，法务部小赵协助我。小赵对这个案件来龙去脉的介绍使我很快找到争议的焦点，这就是单位有法务部的好处。

除了胜哥推荐以外——我想他多少向领导渲染了我的辩论能力，我算"子弟以及曾经的单位一员"，其他发小的鼎力推荐，还有一个因素或许也加大了权重系数——我是首席仲裁员之一，这些因素汇总起来基本落定了我担任代理律师的结论。

胜哥传来领导层的意见，因为此案相对不确定因素较大，所以公司方面希望采取风险代理的方式签署与律师事务所的委托代理协议。

我回复："我是下属，领导说了算，能有这个机会服务老东家，是我的荣幸。"

知道这个情况以后，父母首先想到的是："儿子，你是否有把握啊？父母都在这个单位，砸了咱可丢不起这个人啊。"

父亲曾经给我下的"军令"是：绝对不允许碰 H 公司的业务——兔子不吃窝边草。老爷子可是让我下了保证的，我想都没想就说没有问题，人家也不可能找我啊。我知道 H 公司的律师是我曾经的同事。

有时候时间真的可以改变许多东西——单位领导换了一茬，人事关系自然也随之变动了。

协议中关于风险代理部分的律师费约定分为"三部曲"：我方对外支付金额在一百万元以下为完胜，一百五十万元以下为中胜，超过两百万元为败诉。

H 公司一直坚持只同意向对方支付一百万元，最高不超过一百五十万元，但始终未达成和解协议。于是对方将 H 公司起诉到了法院，我们是被告。

我几乎在开庭前一周才与领导层做首次会谈。

胜哥代表决策层与我商讨律师委托代理协议条款时极尽谨慎地问我："哥，你能接受吗？"

我说："东家说了算。"

毕竟是发小，是有感情的，胜哥担心我头脑发热："哥啊，这可是军令状啊，搞不定，兄弟没有让你赚钱事小，丢的也是我们这些子弟的面子啊。"

我忽悠他，说："昨晚我找一哥们儿算了一卦，他说这个案件可赌。"

胜哥狐疑："天啊，我以为只有我们这些人才信这个，想不到啊，这么眉清目秀的李大状元居然也信这！"

事实上，我看了当事人的合同，初步查看了证据，凭借我的出庭经验，基本可以判断对方律师还属于新丁级别——这个案件的证据做得不够细致，毕竟我已经拥有超过十五年的庭审经验——我比较了解本案法官的审判风格，我知道这位法官是一个比较注重学理的人。

后来，我在法庭上也向他表达了敬意，当然，他也记得我们打过交道。应该说，我给他留下的印象不算太糟糕。

后来的庭审验证了我的判断，原告方在举证环节严重缺乏逻辑严谨性，专业一点说，叫作"所提供之证据完全不足以证定己方主张"。第一次庭审之后，参加旁听的原告方领导的眼神已经有些哀怨了，无助地看着两位年轻的律师——他们也像过去的我一样在法庭上自信满满。

法庭辩论完结之后，审判长宣布休庭，让我方先回避一下，他先跟对方当事人及代理律师谈谈。

我回到法庭，习惯性地注意了一下对方律师的表情——凝重——这在我的意料之中。其实，这个案件并没有我的当事人认为的这么困难，但涉案金额大确实"加大"了难度系数。

审判长宣布，给予双方半个月的调解期，估计是对方想通过自己的关系找我方高层自行商议。我无权阻碍当事人意志，即便从风险代理的角度而言可能牵涉律师事务所利益，那是另一层面的问题。

胜哥代表决策层约见我，小心翼翼地询问："哥，你觉得这个案件判决的结果大概是怎么样的？"

"原则上不超过四十八万元。你们应该注意到我们提出的答辩观点是驳回对方全部诉讼请求。"胜哥或许是第一次感受到庭下我和他律师化的谈话方式。他的嘴是"O"形的，愣愣地看着我："这么猛啊?"

我故意没有回应他。我又不是法官，我现在可不想把自己给赌上。

第二次调解，对方两位年轻律师对我的态度已经轻松了许多，大约是他们的老大已经和我方领导沟通过了。

胜哥给我的底线是：不超过一百万元即可，不必把对方打死。

我给法庭的谈判底线是七十万元，我对法官说："如果对方律师现在签字，我愿意被审判长您'逼'出五万元律师费来补偿一下对方。"我又加了一句："我在仲裁委担任首席仲裁员时也需要辛苦地做调解工作，我愿意支持您的工作。"

可爱的审判长与对方律师的谈话进行了约十五分钟，他出来对我说："李主任，能不能再加三万元。"

我笑了，说："同意，但增加部分的有效时间是十五分钟，祝您周末愉快。"审判长愉快地说"谢谢"。

这场一千三百万元的"恶仗"，最终以七十八万元结案。

我对父母亲谈到案件结果时，父亲只说了一个字："嗯。"

02　对方当事人建议聘请我做代理律师

上述案件是我服务于我的老东家——湖北 H 公司的第一个案件。

胜哥陪同我几乎经历了全程，在办案过程中，我是愉快的——能够有机会与小伙伴们再次并肩作战，能够让小伙伴们看看多年以后的我由"水手"成长为律师。这个过程在他们看来是极具魔幻色彩的转变，这种多年以后老友重逢的感觉让人不易忘怀。

胜哥说："以前法律事务都是我在操心啊，和你合作，那真叫一个省心。"我说："你们付律师费啊，我当然得卖力。"

后来我想起来，其实为了研究这个案件，我亦经历了许多个"由夜深到天明"的日子。那是基于父母的担心，以及"子弟"的尊严。

我常对当事人说，案件到了我手上，首先是我要胜诉，其次才是你们，你们不要因为没有对我交代实情而在事后被我"臭骂"就好了。"话糙理不糙"，当事人听着很暖心。

其实，这是律师的本分而已。

大约是上述案件将近完结之时，胜哥来接我讨论上述案件的和解方案。在途中，他邀请我"陪他走一趟"。

到了另外一个法庭，法官通知双方调解——H公司是被告，涉及装饰工程施工合同纠纷。我坐在庭下，听了一会儿，感觉这个案件特别"拧"（事实不清），再听一会儿的感觉是：原告极度不服气——法庭的观点倾向于原告败诉，问题在于原告是实实在在的出资承担工程施工的人，专业术语叫"实际施工人"。

我终于记起了这个案件，似乎是在两年前，可怜的胜哥气喘吁吁地跑来请我喝茶，讨教这个案件，我当时给他的意见是：这个案件有点凶险，原告方最好有一位比较专业的律师，否则容易出错，会赔了夫人又折兵。两年后，我坐在这个案件的旁听席上，而我处理的H公司的案件已经接近尾声，才用了不到两个月时间。

问题出在哪里？法官可能对建设工程法律专业审判工作不太熟悉，这个案件原告其实在起诉之初就搞错了法律关系主体，这就应了我在前面所说的"原告方最好有一位比较专业的律师，否则容易出错"。原告方显然起诉错了被告，H公司在本案中的诉讼法律地位应当是第三人。

H公司是业主方，而原告是总承包方的下家，即转承包方——实际施工人。按照这个逻辑，原告需要起诉它的上家即总包方，而不能直接将发包方列为被告，将两家都列为被告也不算太错。

但原告方选择了将业主方直接列为被告，总包方却作为第三人，这在当事人诉讼主体地位的角度是错误的——突破了合同相对性原则，通常法院会裁定：驳回起诉。

更糟糕的是审判长没有直接驳回起诉，这个案件居然进入了鉴定程序，于是时间一拖就是两年。

此后一年，我居然接手了这位法官所判决的另外一起案件，在那起案件中，同样发生了诉讼主体错误的情况，法官做出了实体判决，之后这个案件被发回重审。

在发回重审案件中看到该法官的名字时，我才恍然大悟他的难言之隐：他不能"同案不同判"，只好硬着头皮办理此案，案件不得不进入工程造价鉴定程序。于是拖了两年，有余！

听了可怜的双方当事人的部分谈话以及旁观原告的义愤填膺之后，趁着审判长与胜哥在法庭外谈话，庭内只剩下原告方总和我，我悠悠地对原告说："方总，我与你们这个案件无关，我只是一个旁观者，我善意建议你要和你的律师探讨本案的法律关系、当事人诉讼法律地位，并且需要参阅一下最高人民法院的一些案例。我觉得你们这个案件打得有点苦，更直接地说，有点冤啊。"

我和胜哥离开法庭回到 H 公司后，方总居然比我们早到，他是为了我而来。上来就问胜哥："他是不是律师，我觉得这个朋友不错，我请求你们让他加入本案，如果他是律师的话，律师费我出。"

胜哥一脸茫然地看看我，问："发生了什么？几个意思？"

我说："我记起来，这是你询问过我的案件，我只是在你们不在现场的时候，告诉这位老总他的核心诉求的解决之道在哪里而已。"

因为有第一个案件的铺垫，胜哥比较信任我，他知道我说话的分量，我说得云淡风轻的时候，他知道，那是要点。

胜哥向领导层报告了这个戏剧性的过程，问我的态度，我说：

"原则上律师费不能由对方出，但可以在工程款的最终支付金额中做相应扣减。"方总接受了这个动议。

接受案件后，我没有想到的情况发生了，我哭笑不得。

本案存在三方当事人，我在签署律师委托代理协议以后开始阅卷，并且动议由我代表业主方召集一次三方当事人律师会议。

在我看来，这并不是一件非常疑难的案件，律师的专业意见应该比较容易统一。

法务部召集三方律师到场，我愣住了：总包方代理律师是我曾经的同事张律师，来自建纬武汉所，方总律师据张律师介绍本来应该与我及张律师同室办公的，因为特殊原因没有过来。

换句话说，我们三位律师差点来自同一家律师事务所，这就是专业律师所的魅力所在。即便我现在在盈科，我也依然为曾在建纬武汉执业而荣幸，以拥有建纬那一帮兄弟至今的交情而自豪，他们的优秀我时常挂在嘴边对我的年轻的同事说道。

最大的问题在于，我在现场与热情的张律师以及我们三位律师之间的亲切感与专业理解上的默契是各方当事人猝不及防的，在此之前各方的状态是：方总就是为了避开总包方才直接起诉我方的。

让我哭笑不得的是：在诉讼程序与避开总包的问题上，极具决策力的方总果敢地选择了避开总包方——因为我方将工程款按照合同流转关系支付给总包方后对于方总而言确实存在不付与克扣的风险。造成中间卡壳的另一个原因是——税票的问题。这些问题纠结在一起导致三方最终无法达成和解协议（基于此案，我对有关建设工程施工合同案件牵涉的税票问题进行了专门学习，这个过程使得后来我担任仲裁庭首席仲裁员审理一起涉及税票的施工合同案件时裁决观点异常鲜明，并且得到了仲裁庭另外两位边裁的一致认可）。

然后他们又遇到一位纠结不清的审判长，这个案件就这样被拖了两年，直到我的到来。

更让我哭笑不得的是，总包方意外听说张律师与我曾经是战友，现在依然是兄弟关系后，对张律师极度不放心，担心他与我共谋，总包方原来极度信任张律师的状态土崩瓦解，由此造成了总包方在缺乏律师协助判断的情况下屡屡出现与对方当事人"火拼"的局面。我的出现，律师之间的专业信任，居然造成了当事人之间的高度不信任。

但最终，或许依然是基于我担任建设工程领域首席仲裁员（其实我还审理房地产争议以及合同争议）的原因，法庭居然在我出现以后认可了我们三位律师达成的高度一致的关于程序存在错误的意见。

我介入此案后两个月，原告方在律师的共同建议之下，也基于我做出承诺——不在后续的庭后法律工作中起到"坏作用"——的情况下（后来方总对于我说书一般地分析他的案件的那种"云淡风轻"颇觉恐惧，在他看来，他参与了近三年的案件被我说得如此轻描淡写实在不可思议，他实在不习惯案件不在他的思维能力范围之内的那种迷失的感觉。而在我看来，只不过是过于自负的他不善于倾听律师的观点），向法院提交了撤诉申请。

本案自原告撤诉后，我淡出后续的工作。

原告是法官

01 对 抗

这是我担任法律顾问单位的一桩案子，接到起诉书副本时我注意到原告的地址是法院的宿舍，我的当事人对我说原告是法官，据说是浙江某县法院领导，我还真有些心虚，毕竟我和法官没有在当事人席上辩论过。

下午2点10分开庭，我按照惯例提前十分钟到达法庭，一位戴眼镜的中年男子已在庭外等候，我判断对方是原告的律师，估计法官不会亲自来的，他和我打招呼问我是不是被告代理律师。

"是啊"，我说，"您是本案原告代理人吗？"

"不，我是原告。"对方答。

我笑笑打趣说："怎么王法官还有心情做当事人？"

他很谦虚地说："我想体验一下做当事人的感觉。"

我"哦"了一声，问："您是刑庭的还是民庭的啊？"

他说："民庭的。"

法官宣布开庭。这是一个并不复杂的案件，原告与被告（也就是我的当事人）签署了一份房屋租赁合同，我的当事人因为公司业务扩张现有办公地点不够用，于是向原告（出租人）提出提前解除合同，并且同意放弃三个月的租金和五千元的押金作为赔偿金，但原告不同意。

原告将其房屋出租数月无人承租后起诉要求我的当事人赔偿租赁合同约定期限内的租金损失。

我提出了我方的答辩观点，本案应属于法定解除情形，原告在明知被告不再履行租赁合同约定义务的情况下不行使合同解除权，是对权利的一种放弃，同时，原告没有采取有效的违约救济措施致使损失扩大，对此被告不应承担责任。被告已经就其违约责任付出了相应的对价，原告起诉显属无理，请求驳回原告诉讼请求。

法庭质证时，我注意到对方只出示了商品房买卖合同的复印件，而且该合同件卖方竟然无房地产公司的合同章，我当即提出异议。

对方顿时不知所措，嗫嚅着说："我出门急了，忘记了，我的错，对不起。"

审判长也做我的工作，认为我大可不必太较真。

我说："我方对原告该份证据的真实性不予承认，作为一名法官，原告应当对证据规则有着比一般当事人更清晰且更为透彻的理解。他不在应当提供原件的程序中提供证据原件，一般当事人可以容忍，但原告是一名法官，我们只有一种理解，那就是他的证据形式存在可被质疑性。同时，我认为作为武汉律师之一员，我有义务向法庭展示一名严谨的武汉律师形象。我也希望我们武汉的法官能够向原告展现一个依法审理的武汉法庭形象。"

休庭时，我对原告说希望他离开武汉以后做一名更合格的法官，事后我向主审法官解释，我只想告诉他不是武汉律师无人，法官表示理解。

案件的判决还没有出来，我对主审法官说："我希望您不要袒护同行哦。""我有我的职业操守，请你放心。"她说。

"谢谢。"我说。

02　上　诉

　　周五的下午，法院来电话通知我方去领判决书，尽管我对这个案子的辩论观点有一定把握，但我对法官的裁判公正度还是没有把握，毕竟原告本身就是法官，同行怜同行，这是常情。

　　因为这种心理作祟，我几乎有点低声下气地求书记官提前告诉我结果，好让我踏实地过周末。

　　可爱的书记官说："你应该对自己有信心嘛，这个案子你赢了。"

　　虽然并非新手律师，我还是颇有些中奖的欣喜，对她说："我就知道我们李法官的职业操守相当不错。"电话那头书记官笑了，但我依然隐隐感觉到她对同行的败诉有点遗憾。

　　我定了定神，决定亲自去领判决书。等拿到了判决确定了结果后再告诉当事人。

　　我想起原告第一次开庭前和我聊天，我问及打这场官司的原因，王法官客气地说："我想体验一下做当事人的感觉。"

　　我对他的这种体验人生的态度多有几分欣赏，坦率地说，我希望在法庭上遇到一个真正的好法官。几分钟的交谈，我知道他是民庭的庭长。

　　开庭时，在法庭的质证和辩论环节我没有客气（更客观说是没有胆怯），对于他居然没有带来原件的行为"果敢地"指出"无原件核对，不予承认"。

　　我知道身为法官的原告断然不敢在这个问题上造假，他急了，一个劲儿地解释，审判长也有些着急，几乎是带着警告的口吻说："被告律师你要尊重客观。"我毫不相让地说："我提醒审判长注意尊重法律规定，公正审判，原告作为法官，他应当比一般当事人更了解正式开庭没有原件的法律后果。在这种情况下，无法出示原件，我们又如何不怀疑没有隐情。目前本案的客观情况是，我方甚至无法确认原告系房屋所有权人的事实。"法官开始擦汗。

这个案件原告的诉求是索赔近3万元，最终法院一审判决我们赔偿对方金额1000元人民币，诉讼费691元，我方仅承担91元，其余均归原告自行承担。

细究判决其实法院还是有些偏袒原告，这个案件从证据角度来说完全可以驳回原告诉讼请求。核心在于我们自始至终没有看到原告应当向法庭提交的房屋所有权证的原件，而房屋购买合同又无原件相比对（终审判决之后，原告告诉我基于契税的考虑他没有去办理房屋所有权证）。

我做我的当事人的工作，不要提出上诉，或许维系法官的一点尊严也算得上一种社会责任担当吧。我那善良的当事人接受了这个观点。

希望他能做一个更好的法官，至少他有胆识尝试一回做当事人的感觉，这点还是足以让我这个对手尊重的。

上诉期内我的当事人来电话，说原告提出上诉，我笑笑说："法官看样子还是想体验一下上诉审程序。那我们奉陪吧。"

03 辩 词

我代表当事人出席了武汉市中级人民法院的庭审，因为涉案金额不大，法庭采取了书面审的程序。出庭多年，主审法官D我是认识的，D法官对一审法院的判决是有不同意见的，认为双方最好调解。

我谨慎地对D法官说："坦率地说，我不同意您谈到的您对合同解除理论的理解，我认为您的理解片面且不够透彻，我愿意拿出法院的判例来证明我的观点。"这样说的勇气来自我多年养成的读判例的习惯。

D法官紧皱着眉头说："回去好好地整理一下你的观点，我们再认真研究，有理我们就支持。"

在发表即席辩论意见时，我说："客观来讲，一审法院的判决合乎情理但不合法理，只是因为本案判决结果我的当事人尚且能够接受才没有提出上诉，但这不等于本案判决已经达到了一名合格法官应有的理论水平。因为本案其实是法官对法官、律师对法官、法官对律师之间的一场相互评价，因为上诉人就是法官，在这场辩论中只有法官和律师，这里要检查的是武汉的上级法院的法官对浙江的基层人民法院的法官关于法律本身理解的评价，武汉上级法院法官对武汉基层人民法院法官的法理的评价，武汉的法官是否敢于接受律师关于法理的正确的辩论观点。"

我相信，这段"挑衅"的话语会引起率性的老D的深思。

以下是本案的书面代理意见，时间久远，回头看时，我认为还可以写得更好，但尊重原著，让学弟学妹们感受一下成长可期，未尝不是好事。且就露拙吧！

民事诉讼代理词

尊敬的审判长及合议庭：

本所依法接受王××与国勤公司租赁合同纠纷上诉案之被上诉人国勤公司的特别授权委托，并由我担任诉讼委托代理人出席法庭，针对本案上诉人上诉观点，代理人谨从法律与证据的角度提出以下代理意见，请法庭斟酌。

通观本案，本代理人认为，原审法院判决结果合乎情理但不合法理，是错误的。尽管如此，委托人国勤公司考虑到原告本身是法官，且欣赏其本人作为民事审判人员欲追求亲历司法诉讼的人生体验，便没有提出上诉。但作为本案代理律师，本人认为，本案实际上是一场司法从业人员关于法律理论尤其是合同解除权理论如何理解的论战，本案的审判结果与其说是追求司法和谐，不如说是对武汉、浙江两地法院审判理论水平、上级法院对下级法院的评价以及两地法律人员司法理论素养的一次综合评价与比拼。

鉴于此，作为本案承办律师，本律师认为，合议庭在本案中更审慎更正确地适用法律的审判意义超越司法实践本身，为了协助法庭正确适用法律，本律师论点是，如严格执行法律规定，正确适用法律理论，则本案公正审判结果应为：判决驳回上诉人（原审原告）诉讼请求。具体理由如下：

一、对合同解除权法律理论的理解

本代理人认为，要对本案做出公正判决必须首先对合同解除权更精确地说是对法定解除权理论进行正确的理解。

1. 关于合同解除权

该权利的取得来自法律的规定和当事人的约定。由于解除权属于形成权，它的行使即产生解除合同的法律后果。因此，当事人拥有解除权是行使解除权的前提。按照我国的《合同法》规定，当事人双方可以约定解除合同的条件，解除条件成就时解除权人可以解除合同。又规定当事人一方有下列情形之一（即《合同法》第九十四条规定情形：因不可抗力致使不能实现合同目的；在履行期限届满之前，当事人一方明确表示或者以自己的行为表明不履行主要债务；当事人一方迟延履行主要债务，经催告后在合理期限内仍未履行；当事人一方迟延履行债务或者有其他违约行为致使不能实现合同目的；法律规定的其他情形）时，另一方当事人可以解除合同。合同解除权分为约定解除权与法定解除权。

2. 关于法定解除权行使的时效、程序规定及法律后果

本代理人提请法庭注意，我国《合同法》针对法定解除权的行使时间及程序亦做出了明确的规定。具体规定详见《合同法》第九十五条、第九十六条，简述如下：

（1）作为形成权的法定解除权应于约定或催告后合理期限内行使，否则该权利消灭。

结合本案，需要强调的是，被上诉人的两次去函明确表明将先期违约，该两次去函应理解为催告，如果上诉人未在合理期限内行使解除权，则该权利消灭，其当然应承担权利消灭以后的不利法律后果。具体地说，即索赔权（包括但不限于追究违约责任、赔偿损失、因采取合理救济措施蒙受损失的权利）归于消灭。

（2）本案租赁合同自守约方依照《合同法》第九十四条情形之规定单方通知违约方解除通知到达时即生效，对方有异议，则应诉请确认该解除通知之效力。

该条所指之"对方"，应是指收件方，即违约方。需要指出的是，本案之法定解除权人是指依法有权在先期违约的基础上发出解除通知的人，即指出租人本人，尽管本案承租人向出租人发出了所谓"解除通知"，其实该文件属于"表明先期违约"的文件，并非法律意义上的解除通知，该文件法律性质应一并与其在发出文件以后立即实际搬离承租房屋的行为进行确认。

3. 关于先期违约之法定情形下的违约责任索赔时效。

尽管《合同法》第一百零七条（当事人一方不履行合同义务或者履行合同义务不符合约定的，应当承担继续履行、采取补救措施或者赔偿损失等违约责任）明确规定了违约责任中守约方的权利，但请注意，这是针对约定解除权之行使不合约定时法律赋予守约方的一项权利，系针对约定解除权情形。而第一百零八条（当事人一方明确表示或者以自己的行为表明不履行合同义务的，对方可以在

履行期限届满前要求其承担违约责任）则是专门针对法定解除权权利行使中关于违约责任的特别规定。针对该条规定，换言之，未在履行期限届满前要求承担违约责任则该项权利亦应消灭。

二、本案之理论实质

结合本案，要讨论的应是法定解除权。更准确地说，是因在合同履行期限届满前，被上诉人国勤公司以在两次书面通知后提前搬出承租房屋的行为向出租人表明将不再履行后续义务。显而易见，本案法定解除权应是指在被上诉人国勤公司预期违约以后由守约方即上诉人行使的单方法定权利，即明示先期违约基础上产生的法定单方解除权。

顺便指出，所谓如果合同没有约定解除权则合同必须履行至期限届满，否则违约方只有义务承担至履行期限届满的法律责任的论断是错误的。如果应如此则法律无须规定违约救济措施及法定（单方）解除权了。法律已经规定了法定单方解除权行使的特定情形，此时如仍适用约定解除权理论，判决必然有失偏颇。

三、从证据与法律适用的角度评价原审判决

本代理人参与了本案一审的审判全程，作为律师，本人感受到了原审法官良好的职业操守及敬业态度，尽管如此，本人仍不得不从公正判决的角度指出原审法院对事实的认定及法律的理解适用是错误的。

请合议庭注意，在国勤公司向出租人连续两次发出先期违约通知的基础上，整个庭审过程中，上诉人没有从追求胜诉及承担举证责任的角度提出请求法庭支持其胜诉观点的证据。

（1）没有证据表明上诉人在确认承租人先期违约后合理期限内发出单方解除通知书。这个合理期限当然不能指整个合同履行期限届满之前，原审认定两个月应该是合理的。很遗憾，本案的实际结果是上诉人没有发出解除通知书。相反，他执着地在明知合同不可

能履行，承租人已经实际搬离的基础上要求继续履行合同。针对一名从事民事审判工作的上诉人，我不得不在此指出，他或许是疏于研究法律概念，或许是从纠纷一产生对合同解除权的理解就是错误的。但无论如何，因为他的民事法律行为及诉讼行为不符合法律规定所造成的不利法律后果，不应该由被上诉人国勤公司来承担。法律之所以成其为法律，在于它的正确适用不应因上诉人是法官而产生变异。请合议庭依法首先维系法律的尊严，实现法律在"法官"面前的人人平等。

（2）没有证据表明上诉人针对被上诉人先期违约行为采取了合理救济措施。

（3）没有证据表明上诉人在合同履行期限届满前向被上诉人提出承担违约责任的要求。

（4）证据（合同）不能表明合同约定的所谓"承租方因工作需要，经出租方同意，可将房屋转租给第三人使用"，可以当然理解为"当出租方要求，承租方可以将房屋转租给第三人使用"。

综上，本律师认为，在此一因先期违约而形成的法定解除权争议案件中，解除权人应为守约方即上诉人，其应于合理期限内依法行使合同解除权及要求违约方承担违约责任（履行期限届满前）的权利，因其怠于行使该等权利，此等权利在合理期限过后应毫无疑义地归于消灭。

再从相反角度来说，假设承认违约方即国勤公司之单方合同解除权行使符合法律规定，则上诉人关于本案之诉请应为确认之诉，即按《合同法》第九十六条第二款规定起诉。至于本案原审法院是否应该履行法律释明义务，本律师认为，鉴于本案原审原告本身即为法官，有充分的理由认为原告之诉请系基于对合同法律之"已知"或"应知"而非"无知"。现原告未诉请赔偿损失且同时提出承担违约责任之期限及程序不合法律规定，则本案上诉人亦当承担败诉之不利后果。

本案中，上诉人行使其法定民事权利及诉讼权利不符合法律规定，很遗憾其应承担不利法律后果。请求合议庭依法公正判决驳回上诉人（原审原告）诉讼请求。

04　胜　诉

2007 年 9 月，我们收到武汉市中级人民法院关于王某诉国勤公司的领取判决通知，当时我正在青岛办案，对这个案件的关心超过了其他案件，我急切地向书记官询问判决结果。

书记官通常会说："你们看了判决书就知道了"。这一次，书记官在电话那端爽快地说："驳回。"

我从青岛市看守所会见犯罪嫌疑人后出来，一路上都哼着小曲。为了这个案件我翻查了大量的论文以及法院判例，为了方便法官阅读，我甚至在辩论词后细致地加入了法条援引。

终审法院（武汉市中级人民法院）认为：双方当事人之间的合同有效，双方当事人应当按照约定全面履行自己的义务。在合同履行过程中，承租人因租赁的房屋不够使用而提出退租，出租人明确做出不同意退租的回复。在租赁不到 3 个月的时间内，承租人退出了房屋，以自己的行为明示不履行其主要债务。双方当事人的租赁合同因承租人退出租赁物而实际终止。故此，出租人要求承租人承担并未继续承租期间的租金，缺乏事实和法律依据，本院不予支持。原审判决已对原审原告的损失等相关诉请做出了处分，其判决结果并无不当，应予维持。但原审案件的受理费的收取不符合《诉讼费用交纳办法》第十六条的规定，原审案件的受理费应予变更。判决如下：驳回上诉，维持原判。二审受理费由上诉人承担。一审案件受理费我方在一审判决基础上降低了 24 元。

在拿到判决书后我向 D 法官表示敬意，他在电话那端说："不错，看得出来是做了功课的。"

我喜欢出席法庭，喜欢辩论，我至今依然认为，只有法庭，才能成就律师职业无上的尊荣。

证人的力量

无论法庭还是仲裁庭，
律师们的举证应当是为了达到这么一个效果：
你所提供的证据以及你对证明目的的诠释，
是为了让法庭或仲裁庭相信"这是法律事实"。

——李军

01　未审即撤诉

因为我的同事梅律师曾在房地产局工作，我将朋友介绍来的一起关于借名买房的案件转交给他处理。在我看来，这个案件并无特别疑难之处。梅律师看了案卷材料以后告诉我，这个案件之前已有其他律所的律师处理过，但撤诉了。也就是说，案件没有进入审理程序就撤回了起诉。

这个问题引起了我们的关注，鉴于我们还没有接受当事人委托，我赶紧叫停急着筹措律师费的当事人张姐，约她过来了解一下情况。

她告诉我们，差不多两年前她委托了律师起诉，但在开庭前审判长约谈了律师，表示这个案件如果不撤诉因为证据不足判决驳回全部诉讼请求的风险极大。迫于压力，律师说服张姐撤诉了。

案情并不复杂：张姐与丈夫（残疾，起诉前已故）结婚多年，因为丈夫的父亲和弟弟均为铁路系统职工，考虑到张姐夫妻生活相对困难，经家庭会议讨论，一家人决定以小叔子（丈夫的弟弟）的名义在单位购买一套福利房，张姐以小叔子的名义交付了全款，自费装修并持续居住至今。后该房根据政策办理了完全产权手续，近二十年后，张姐希望小叔子（以下称被告）将产权过户到自己名下，但被告要求支付三十万元，双方因为支付金额问题无法达成共识，张姐无奈之下委托律师提起诉讼。前手律师起诉时除了一张具名为被告的房款缴费单外，未向法庭提供其他证据。"工欲善其事，必先利其器。"光有滔滔雄辩之才，缺乏证据的支撑，再高超的律师也只不过是哗众取宠而已。

02　艰苦的立案

虽然没有看案卷其他材料，但我直觉判断这个案件没有研究透。我饶有兴趣地向梅律师提议我们俩一起上，借此机会我们同行之间也切磋一下手艺。老梅欣然应允。

我们约定好了，他负责立案，我们俩共同出庭，我负责法庭辩论。

立案工作就比我们预想的艰难。原因在于之前的那份撤诉的裁定。法院认为以同一事实与同一理由再次提起诉讼构成"重复诉讼"，原则上不予立案。而我们手上确实没有其他的证据。这是我之前没有意识到的。

从当事人焦虑的表情来看，我们相信她说的是实情。

立案庭的观点可以理解。法律规定"有案必立"，但"立案庭有权利裁定不予受理，法院有义务出具裁定书，当事人有权利上诉"这种勇往直前的律师做派虽然令委托人欣赏，却无济于事。

我也陷入了僵局，我的理智告诉我，如果这个问题不解决，当事人难有机会遇到更努力的律师，毕竟我们有共同的朋友，我们需要承载朋友圈的信任。一向讲义气的老梅毫无怨言，说我们再深入思考一下，我们两个不能让朋友们失望。

困境往往能够激发人的灵感。面对进退维谷的窘境，我们需要改变诉讼策略：不同的诉讼请求，不同的事实，不同的理由。

我们多次约见当事人了解案件的细节：买房时间、付款人、取款情况、支付情况、收款情况、装修情况、相关合同、收款单位、收款人等诸多细节。所谓证据，应该包括与案件相关的所有信息，能够说明过去时间发生的"人、事、时、地、物"等一切信息，都可以考虑作为诉讼证据。对于处理惯了商事案件的我而言，已经很久没有参与这么琐碎的细节了。还是那句话：没有小案件，只有小律师。

问题最终聚焦到一个点：有非常多的细节可以证定当事人所言非虚，但我们的前手确实未向法庭提供任何证据，这位对自己的法庭辩才绝对自信的前手律师最终并未凭借自己的"套路"获得法庭的青睐，但这样的律师通常能够获得委托人的信服。

当事人在社区口碑良好，在我们希望能够收集证人证言为我们的案件提供支撑的时候，十多位证人在当事人的恳求下来到我们律师事务所向我们讲述了事情经过，"我们大家觉得对方不能这样欺负他们孤儿寡母。我们愿意出庭作证"。

最终，我们挑选了六位证人，制作了证人证言，并依法向法庭提交了请求通知到庭的申请。

法官也是人，他们也是善良的。从立案庭主动取回案卷材料后，我们认真进行调查工作并形成一系列严谨的证据脉络与证人证言，法官们也看在眼里，终于同意给我们立案。

03　游说审判长

相对于直接证据，证人证言属于间接证据，如果权衡写有被告名字的房屋所有权证与证人证言之间的证明力，证人证言的证明效力弱于直接证据即房产证，这就是本案诉讼风险所在。

第一次庭审之后，审判长所持的便是这个论点，他在电话中善意地提示我们："这个案件我个人建议你们撤诉，不要无谓消耗当事人的诉讼费，她一个弱女子，带个孩子，也不容易。你们可能有不同的理解，但我们法院不一定支持。"

我说："我再考虑一下。"

就诉讼案件而言，律师既是"导演"也是"演员"，当一个诉讼案件业已呈送法庭时，理论上这桩案件就应该按照既定的剧本来执行了，但不要忽视，法庭是迫使导演改变"剧本"的力量，"剧本"必须随着法庭的态度而改变。律师的工作在于：跟随法庭态度而改变策略，或者说服法庭改变态度。

三天之后，我主动给审判长去了电话，但我没有说服他。审判长的审判经验足够丰富，他也表达了对我的执着态度的欣赏，审判长的原话是："我欣赏你的态度，我也同情你的当事人，但法律就是法律，你明白我的意思。"

我说："既然您也认可原告是值得同情的，我请求您先不要对我关门，给我一个机会让我继续思考，看我能不能找到说服您的理由。我请求您给我一些时间。"审判长说："好，祝你好运，但我不容易被说服。"

在接下来的一周时间里，我查阅了大量的案例、论文，对其中的观点进行了梳理，这些系统性的工作（对于本案而言则是重新评估证据链的工作），一方面感动了法官，另一方面也为合议庭提供了可能改变裁判思路的转机。

最终，法庭决定根据我们的申请启动依职权调查程序。

法庭依职权调查的结果印证了我们提供的证人证言的真实性。

我们提出了一个观点：房产证是我们的诉讼主张的证据链的一个环节，而不是单一证据。

证据链这个概念某种程度上影响了合议庭的思维方式。

法庭同意我方提出的证人出庭作证，我特地安排助理将法庭通知证人出庭作证的出庭通知书送到证人的手中，这极大提高了证人对法律和法庭庄严的认知。

证人在法庭上慷慨作证的态度及一致的说法感染了合议庭。

此后的庭审中，合议庭开始关注被告方是否存在其他证据，除了其提出的"房产证上是我的名字，房子就应该是我的"。法庭开始认为，"谁出钱买的房子，谁应该获得房屋所有权，房产证只是行政确认，不当然等同于民事权利"。

至此，案件变得明朗。

在起诉前，被告方提出三十万元和解的动议。在诉讼过程中，善良的我方当事人提出了十五万元和解的动议，但对方不予接受——对方律师执拗地认为"房产证是具有排他效力的"。

法庭做出判决，被告方应无条件为原告办理房产过户手续（但需自行承担办证费用）。

被告上诉，维持原判，本案最终胜诉。

胜诉的机会只青睐时时留心它的人。

以下是我在案后不久写落的案后总结兼作 2015 年收官小结。

张某诉王某借名买房纠纷案已经终审结案有一段时间，2015 年还有几天将尽，盘点 2015 年我的案头可圈可点的案件时，本案还算得上一件精品之作。据说本案成为本区人民法院关于借名买房纠纷案的一个比较有借鉴意义的判例，也是武汉市此类案件的具有典型意义的判决，这对于现在非诉讼案件越来越多而诉讼案件越来越少的我而言，无疑徒增了几分"虚荣"，当然，这与我的本案搭档梅律师的合作与勤勉是分不开的。

回观本案处理的过程，历历在目，胜诉的欣喜在经历了艰苦的工作过程后变得更加"浓郁"，这也使得介绍我给当事人的一位我非常敬重的大哥在当事人面前多了几分荣耀。

多年的法庭历练，我已经习惯了胜诉后的波澜不惊。

关于本案，有一些琐碎想法记录如下：

（1）我们有时会忽略证人证言构成案件证据之一。作为唯一证据它是比较"脆弱"的，但将之放在综合证据链里，反倒能够起到强化的作用，没有多少证据能够比人更加立体，众多的人以一种正义的表现形式来到法庭作证时，对合议庭产生的影响力是不容低估的。本案在我接手以前一度因为缺乏提起诉讼的证据而让当事人焦虑不已，当事人也一度放弃对本属于自己的权利提出声索。

（2）同样是证人证言，我个人认为法官也很容易低估它的证明力，这对于在该案中需要依赖证人证言的我而言，是一次挑战。我可以感觉到法官的公正与敬业，于是我选择了沟通，通过沟通，法官认可了我的论证。他很正式地对我的当事人说："你最大的运气是选择对了代理律师。"我想这主要归功于我在纽约福特汉姆大学法学院游学时关于法庭辩论的锻炼，心理学在此也起到一定作用。学会在配合中影响法官对于律师而言是一门功课。

（3）学会做一个不卑不亢的律师很重要，某些时候你需要用一个斗士的心态执着地为你的委托人争取权益，去"影响"那些与你一样个性非凡的法官，尊重他们的傲骨与傲气。本案审理过程中，法官刚开始比较直白地提示我这个案件可能败诉。我与法官就该案的情况谈了两个小时，因为我的执着和坦率，也因为我的专业，审判长决定按照我方的申请启动依职权调查程序，调查结果显示，我们的事实陈述是相对客观的，反衬对方当事人意图通过狡辩来混淆视听的被动与难堪。因为证人一致在法庭上指责对方当事人，我不由得想起那句话：人民的力量是强大的，我会在民事案件中更多地使用证人策略。需要注意的一个问题是，证人是需要指导的，这不是教他们做伪证，而是因为法庭是一个存在"游戏规则"的地方，律师需要提前告诉证人适应规则，否则容易弄巧成拙。记得十二年前我代理的一桩继承案的质证环节中，我注意到对方的证人未经指导，于是提了一个很细微的问题，"请问你们用的印泥是什么颜色的？"对方不屑地说："当然是红色的。"同时，没有忘记贬损我说："你是律师吗，问这么不专业的问题。"气急败坏的对方律师连忙说："证人，你不清楚就不要乱说话。"自负的证人说："我记得很清楚。"法官说："麻烦书记员记录下来。"我注意到对方律师瘫软地靠到了椅背上，事实上那份文件使用的是朱砂而非印泥。这个案件被发回重审，我方胜诉。

（4）使用判例使本案的说理相对轻松，否则案件说理会变得晦涩。在与法官有了良好的专业互动以后，绝大部分法官是比较愿意倾听那些能够让他顺利地进行审判工作的律师的建议的，精彩的律师庭辩，对于法官而言也算是一缕清新的风。所以，律师要学会在法庭方寸之地表达个性与融合，当法庭为你侧目时，你已经胜诉了一半，当然，你的自信应该来自你对案件的全面研究而不是不学习的狂妄自大。

（5）应该相信，你过去任何时候的付出总是会在不经意的时候有回报。在本案中，我的委托人收获了我们敬业的成果，她也很好运地借助我九年前在中级人民法院法官那里获得的专注而敬业的好评，保护了自己的利益。这个案件律师和法官都是以非常敬业和专业的心态去工作的，这个案件表达的观点以及对事实的评判可以说是集同类案件审判经验之大成。

（6）我想在此也给出庭的年轻律师一点建议，如果有可能，你需要了解一下你的法庭对手律师，这样可以在出庭之前思考还有什么不足。在本案中，对方当事人很遗憾地委托了一位视野和工作方法还比较欠缺的律师，一方面，她缺乏案件研究的工作方法，这使得她对本案的分析不够全面，同时又在当事人面前以书本化的法理演绎而使得她的委托人产生了过强的提前胜诉判断。法官事后告诉我们，对方通过关系找他打过"招呼"，但他同时说了一句："她过不了关，没有办法。"而另一方面，我和梅律师的阅历相对来说更丰富，法庭辩论开始时在气场上已先胜一筹，可怜的对方律师庭辩说的第一句话是："你说了这么多，我都不知道我该怎么说了。"这我回想起我做实习律师的首次法庭辩论，法庭一片寂静而我由于紧张忘记了该说什么，于是我善意地对她说："你不要紧张。"我很幸运，在2015年年底意识到，随着案件难度系数越来越高，我需要关注我的对手律师的背景。我承认，我认可西方陪审团制度的相对公正性，我也承认，中国的法官群体正在越来越公正地履行法律赋予他们的审判职责。为此，每与朋友谈及此议题，我还是郑重其事地站在中国法官这一边，尊重法律与法官，也是尊重律师的职场尊荣。

（7）尊重书记员是我作为盈科武汉所青委会主任时在培训课上反复强调的经验之谈。在法庭准备时，我和我的团队通常会为书记员准备好我们要发表的意见的电子文本，这样可以解放书记员的双手让她有时间来倾听我们的意见。年轻律师要记住，一些法学院刚毕业、法理基础优秀的书记员是法官重要的助理，不要忽视了和你们一样年轻的他们的说服力与影响力。

（8）永远要记得，对于律师而言，没有小案件，只有小律师。

我常说我是一个喜欢做律师和出席法庭辩论的人，很抱歉，通常是我的同事们处理好了法庭辩词，被我"厚颜无耻"地抢了法庭辩论的风光，感谢他们对我的宽容。我们对案件的敬业获得了我们的当事人、证人的赞赏。

一字之辩

诉讼之战是一场漫长而危机四伏的角逐，要想赢得辩护，就必须具备作为一名优秀律师应有的各种素质。

—— ［英］罗杰·诺恩律师

在英国司法审判活动中，有几条法官和律师存在默契而不言说的"潜规则"（引自艾伦·德肖维茨《最好的辩护》）：

第一条：事实上，几乎所有的刑事被告都是有罪的。

第二条：所有的刑事被告辩护律师、检察官和法官都知道和相信第一条规则。

第三条：用违反宪法的手段去认定有罪的被告，比在宪法允许范围内通过审判认定要容易；在某些情况下，不违反宪法就根本无法认定有罪的被告。

第四条：为了能将有罪的被告治罪，许多警察都谎称没有违反宪法。

第五条：所有的检察官、法官和被告辩护律师都清楚第四条规则。

第六条：很多检察官在警察被问到是否用违反宪法的手段去认定有罪的被告时都暗示默许他们撒谎。

第七条：所有的法官都清楚第六条规则。

第八条：大部分一审法官明知警察在撒谎还相信他们的证词。

第九条：所有的上诉法院法官都知道第八条规则，但许多人都装作相信那些装作相信警察的一审法官。

第十条：即使被告申诉他们的宪法权利受到了侵犯完全属实，大部分法官也会置若罔闻。

第十一条：如果法官和检察官认为被告在被控犯罪（或与此密切相关的犯罪）中是无辜的，他们不会故意将该被告治罪。

第十二条：第十一条规则对地下黑社会犯罪组织成员、贩毒者、职业杀手或潜在的告密者例外。

第十三条：没有一个人当真想要正义。

每一位刑事辩护律师都应当把（刑事诉讼）证据规则记得清清楚楚，因为在法庭审理过程中，律师根本没有时间来查证这些规则。

在对证据这一概念进行讨论之前，我们也许可以花点时间来讨论一下另一个概念：证明。你在以前肯定对你的朋友或同事提出过这样的挑战："你能不能证明这一点？"对于这句话，尽管不同的人有不同的理解，但它的意思一般来说都是："你能不能清楚明白地证实这件事，并让大家都相信这是真实的。"

当吴总坐到我面前时，就意味着他或者他的朋友遇到棘手的问题了，而且通常是他的分析能力不足以解决的法律问题；当他和他的朋友要请我吃饭的时候，说明要处理的事情通常已经比较糟糕了。因为我们彼此熟悉，我一般会拒绝他吃饭的邀请。

电话那头的吴总说："这个饭你恐怕必须来吃。"意思就是："这事儿有点儿大。"

"民事案件还是刑事案件？"我问。

"刑事案件。"他说。

在饭桌上坐定，一圈六七个人，吴总一一介绍，除了他我也没有记住谁。这对于我而言不重要，我听案情就够了。当然，我不能这么说。

案情并不复杂：彭某在宾馆与人打麻将，同乡周某来找他。周某请彭某帮忙用彭某的车将他的朋友陈某从汉口送到武昌，在车上彭某问陈某出了什么事儿，陈某说跟人"扯了皮"（发生口角），把人伤了。因与陈某不熟，彭某便未多问。后应周某的请求，彭某将自己的车借给了陈某。次日，彭某得知陈某以刀伤人致死，遂打电话给陈某索还车，对方关机，其通过汽车定位系统找到泊车处，取车时被抓。在车上查出枪及毒品，但其后经指纹及 DNA 鉴定与彭某无关。案件牵涉死命、毒品、枪支，都是重案，据说彭某还提供了两万元资金。

请注意以上的第一条、第二条规则，我想我们大家得出结论并不难。

我甚至觉得这个案件没有什么辩护空间：包庇罪至少是构成的。

彭某是因涉嫌窝藏包庇罪而被刑事拘留的，所谓的被包庇之人从事后了解的犯罪事实来说基本构成故意伤害（致死）罪，同案犯已经归案，如此罪名成立则最高刑可以判死刑，案件的一审也起步于中级人民法院。

在吴总带着嫌疑人家属第一次与我讨论此案时，我倾向于认为包庇罪构成，只是看辩论空间有多大了。慎重起见，我邀请我的同僚、擅长刑事辩护的刘律师与我共同承办此案。

接手该案后，我们会见了彭某，描述的案情大抵如上所述。

关于伤害致死一节我向彭某了解当时的情形，彭某说："我就问了他出了什么事"，他说："把人'曲'了（音译方言）"。

在湖北方言中，"曲"（音），通常为刀扎或刀捅之意，但在辩护律师眼里，除非询问笔录中对这个字进行了定义或者说特别描述了其中的情节，否则从辩护律师的角度并不当然认为工具指向刀具。比如，剑、筷子、匕首、叉子……这些"凶器"不一样，但按照当地方言，都可以叫"曲"。

基于审慎的考虑，我问彭某，是否问陈某"曲到哪里去了"？

彭某说："因为我跟他不是很熟，我这个人话比较短，他心情当时不太好，我就没有问他太多。"

彭某是仙桃人，我问他普通话熟练程度如何，他说"不大会说"。

我问："警官是不是这样记录的？"

彭某说："是。"

我问："仙桃话里这个'曲'字应该怎么理解？"

彭某说："就是用刀捅了。"

我又问："用刀扎了算不算'曲'？"

彭某说："也是。"

我说："刀扎或者刀捅在仙桃话甚至武汉话中都可以理解为'曲'是不是？"

彭某说："是的。"

我说："通过这个字你能直接判断刀伤了什么部位或者是否造成了死命吗？"

彭某说："不能"。

我问："警方是否有问你，你问过陈某'曲'了哪里，人伤到什么程度？"

彭某说："没有。"

我说："我以律师的身份提醒你，你接下来看清询问笔录的每一个字，再签字，这是你的权利，听懂了没有？"

彭某说："听懂了。"

我让彭某解释两万元的事情，他说那是他取来打麻将的钱，不是给陈某的。我说："冲这点你在这里待着也是可以理解为行政拘留的，牌打得大了点，你也该罚。"

警方经查证，认定彭某不存在提供逃资的行为。

在我和刘律师提交给警方及检方取保候审的申请文件中，我们阐述了律师辩护观点：

委托人虽然知道对方的行为已经触犯法律，但警方和检方没有进一步的证据证定委托人是在明知或应知对方是在构成犯罪的情况下进行窝藏或包庇的，即委托人行为在现有证据下构成严重违法行为可予行政拘留，但诉其构成犯罪则存疑，纵然构成犯罪，其犯罪情节亦属轻微可不以犯罪论处。

2014 年 4 月 30 日，彭某被取保候审。

半年后，我们正式接到通知，公诉机关撤回了对彭某的起诉。

胜负在此一举

追求胜诉是律师的天职，辩护律师对胜诉与正义的辩证关系需要有理性与透彻的理解。

——李军

律师是一个行走在钢丝上的职业，这种感觉对于刑事辩护律师而言尤甚。因为刑事案件辩护成功的概率更低。

但这不影响辩护律师存在的必要性与胜诉的成就感。

在我的刑事辩护经历中，有几桩案件是值得回味的。有的案件的代理风格是存在风险的，也是值得反思的。但我不认为我的做法错误，因为我是辩护律师，我有义务为了委托人的合法利益勇往直前。

01　少年庭

很多年前，经律所指派，我担任一起少年刑事犯罪的法律援助辩护律师，案由：抢劫。犯罪嫌疑人十五岁，属于限制刑事责任能力人，犯抢劫罪，如果罪名成立，可判有期徒刑。记得当时正处于严打时期。

这是一起团伙抢劫，六个人将睡在公园的一名流浪汉抢了，钱数不多，但性质恶劣。几个小孩在抢劫后吃夜宵时被抓。只数小时，案件告破。

我已经不记得孩子的名字，就叫他小丁吧。

小丁被列为第二被告人，在年长的"老大"的教唆和指使下，他去偷熟睡的流浪汉的布袋里的钱，流浪汉惊醒，一伙人奋力与流浪汉争抢布袋，流浪汉紧抓着布袋，因对方人多力大被拖倒在地，双方争抢布袋但客观上并未发生直接肢体冲突，男子因被拖行而有伤。

检方以抢劫罪提起公诉。

那时我办理刑事案件并不多，缺乏足够的经验。亦或许是受了所读之书的影响，《最好的辩护》《哈佛辩护》《舌战大师丹诺辩护实录》……我去了孩子的家里与学校，试图了解一下孩子的品性。

我承认，孩子家里的情况让我震撼，我不禁泪如泉涌。这是一个怎样的家啊！只有患病卧床不起的奶奶独自一人陪伴孩子，父母离异且抛弃了孩子，把他留给甚至不能自理的老人。我说明了来意，介绍了我的身份：孩子的辩护律师。尽管我那时长得一张"娃娃脸"，但对于老人而言无异于救星。老人在病床上无数次地给我作揖，请求我无论如何要救救孩子，她说的最多的是："这孩子真的不坏，他很善良，只是没有父母管教。他跟他们混是为了给我和他自己混口饭吃啊！"我的泪再次夺眶而出。

在法庭上，我大约说了以上那些话，同时我说：

"尊敬的审判长、合议庭，我请求你们关注一下同时到庭的这六个被告人。你们会发现只有这个孩子衣衫褴褛，在回答检察官和审判长的提问时，他的眼神是诚实的也是恐惧的。因为家庭的缘故，他在他应当得到管教的年龄为了他相依为命的奶奶而不得不依附于其他被告人。他的行为是涉嫌构成犯罪，但他是值得被原谅的，我恳请你们给这个可怜的孩子和与他相依为命的奶奶一个机会。"

在说这些话时，我的声音是颤抖的，眼泪再一次盈满了眼眶。

　　陪审员在不停地擦眼泪，理性的审判长不得不提醒每一个人包括他自己："请注意这是法庭，我们大家要控制情绪。辩护人所谈到的客观情况合议庭会注意。也谢谢辩护律师的敬业与尽责。我们记得这是一个法律援助案件。"

　　经过短暂的合议，法庭当庭宣布：小丁缓刑。

　　孩子走出被告人席位走向我，我拥抱了他一下，拍了拍他的头，说："回去一定要孝敬你奶奶，记得不能再犯事儿。"

　　孩子说："我向您保证，永远不会了。"

　　现在他也长大了，应该有了自己的家庭，不知道这孩子过得好不好。我在这里为他祝福，祈祷老少平安。

02　有争议的辩护意见

　　这是 2019 年的辩护案件，深圳某法院，案由：骗购外汇罪。

　　我要说明的是，尽管我一直比较乐观地认为我是一位还算优秀的刑事辩护律师，但命运弄人，我的刑事案件委托数量并不高。这或许与我一路走来都在以民事案件以及非诉讼案件为主的律师事务所有关。

　　所以，基于对委托人负责的考虑，最近一些年我在处理刑事案件的时候都会请一位在我看来更有刑事办案经验的律师与我搭档，我通常会说："我当吃瓜群众，负责'补刀'。刑事辩护以你（搭档）为主。"

　　本案中，我邀请了我团队的道哥与我搭档。本案来自国有企业的委托，道哥协助我处理该企业的其他民事案件，他的勤勉、任劳任怨的办案风格赢得了我的认可（他属于那种言语相对较短，但一招制胜的律师）。

　　因为我对他的工作态度的认可，在赴深圳开庭前，我与他讨论了案件，我倾听了他对案件的分析意见，我认为原则上没有问题。于是照样说："你负责庭辩，我负责补充。"

到达深圳后，因我们系法人被告人辩护律师，开庭前一天，在我的动议下，我们程序性约见了涉案员工（直接责任人）的辩护律师。综合各方观点，我的经验告诉我，这个案件没有研究透。面对上千页的电子文档，重新读已经来不及了。

我弱弱地问道哥："你觉得这个案件我们的辩论观点能够成立吗？"我要说明的是，因为我们担任法人方的辩护人，某种程度上，这个案件能否辩护成功取决于所谓"直接责任人"一方的辩护人的工作质量。通过当日的沟通，我对员工方企业两位年轻辩护律师的出庭经验、辩护要点、表达能力、法庭辩论效果（气场）都持忧虑态度，我毫不隐讳地与董事长谈了，董事长说："要不，我建议换您上。"我说："我只是名不见经传的小律师而已，人家凭什么走马换将？"董事长无语。

次日，法庭庭审，前面几位辩护律师的表现印证了我的忧虑，辩护意见照本宣科，法庭辩论时声音几乎在颤抖，辩护观点逻辑结构混乱，条理不清。董事长不停地朝我这边张望——他是被告人代表，所以按照法律规定不能坐在我的身边——他的意思很明显："够呛！"

我用手臂碰了碰旁边的道哥，小声说："你的感觉如何？"

道哥说："悬！"然后又加了一句："够呛。"

我说："一会儿我先说几句，然后你再说。"道哥疑惑地看着我，他以为我没有看案卷。

但他不知道的是，我其实看完了他发给我的电子文档，并且为了对董事长负责，我让我的助理美金律师查阅了该案以及该法院关于同类案件的判决。同时我让助理给我一组大数据，关于本案主控检察官及审判长所承办的案件类型，这些数据在网络上一览无余。

网络以及大数据，为年轻律师"弯道超车"，超越我们这些所谓的"前辈"提供了极大的便利。

所以，我不敢不在他们面前谦虚。

我原本没有准备发表辩护意见，但我的经验告诉我，如果我不出手，这一个案件的辩护团队，三方辩护律师加起来共有六人，几乎可以用"死得很难看"来形容，我甚至怀疑他们的第一辩护原则是"不要冒犯检察官"。

轮到我发表辩护意见。我停了三秒钟，顿了顿嗓子。我首先程序性地声明作为辩护律师我们详细地阅读了案卷材料，同时强调我本人是法学专业而不是本案所涉及的国际贸易专业，但为了履行好本案辩护职责，我特地与相关专业人士进行了探讨。然后，我开始陈述：

"接下来进入我的发言正题，可能需要花一些时间，我首先请求法庭能够按照法律规定允许辩护律师充分发表辩护意见而不要打断。同时需要强调的是，我接下来的发言可能涉嫌冒犯检察官与法官，但我是无恶意的，仅是为了履行辩护律师的职责，善意地提醒合议庭注意我谈到的相关问题。"

法庭的空气显得格外凝重，对方检察官已面露愠色。

"我善意提醒合议庭注意的第一个问题是：在辩护人提问环节，我向被告人询问，起诉书指控其涉嫌骗购外汇，在起诉书的前文中称使用伪造的信用证，后文中又称使用了高仿的信用证，我不够专业，我很想请教，高仿属于伪造的一种类型吗？我查阅了法律条文，似乎不是。我们知道，人身伤害案件通常需要法医鉴定，对于本案如此专业的国际贸易问题，谁来对这些专业术语解释的准确性负责？我们是不是学了一点国际贸易的皮毛就可以判断如此专业的术语其使用的正确性？"

"网络上提供了公开的大数据信息，我并无恶意，我想陈述一个客观事实：本案是主控检察官经办的第一起与国际贸易有关的公诉案件，本案亦是审判长承办的第一件牵涉国际贸易的案件。我想特别强调，在这个法庭上，只有一个人有资格说他是系统地学习过国际贸易专业知识的，在这个法庭上只有他才有资格去解释这些专业术语，但他是被告人，他在此时不被信任，否则他在另外一个场合或许能够作为专家证人到庭作证，以华丽的身份来服务于公诉人一方。我们的刑事案件真的能够被我们的法庭如此'轻慢'地以'全科医生'的自信来判决他人的人生、决定企业的命运吗？更何况我们还代表国有企业的声誉！"

年轻的审判长虽然不悦，但他的理智是值得称许的，他打断了我的发言，说："辩护律师，你的第一个观点合议庭听明白了，我们会注意你的提示，法庭会慎重处理这个问题。请你简要发表核心辩护意见。我不想打断你，但也善意提醒你，我们都有下班时间。"

"谢谢审判长的包容。代表国有企业，作为辩护律师，我方愿意接受任何依法裁判结果。但只有程序正义才可能实现实体正义，我请求合议庭援引《刑事诉讼法》第一百九十二条之规定引入专家证人，是否构成伪造信用证，是否构成骗购外汇罪应当由更专业的人士而非我们这些所谓的'全科医生'来处断。"

审判长宣布休庭。合议庭先对这个问题进行讨论，下次开庭时间另行通知。

事后，道哥告诉我，法院聘请的专家给出的意见倾向于"不构成伪造信用证，本案不构成犯罪"，法庭建议公诉人撤回起诉。

但感觉被挫败的年轻的主控检察官拒绝了撤诉动议。

我的法庭辩论赢得了庭上旁听人员的掌声。

我在事后多次反思上述辩护意见，也颇有些后怕，我承认，我的言论"过于嚣张"。

但，我不后悔。

当事人事后告诉我，我成了法院和检察院的"名人"，检察官们众志成城要"打败"我。

直到现在，总体而言，我在深圳，比在武汉出名。

因为深圳的一起"故意拔管杀妻案"，我被中央电视台，广东、湖北、湖南、山东、武汉等多地电视台以及网络、报纸等众多媒体报道。这起辩护案件，再一次让我在这个法院"出名"。

为了表达对合议庭和主控检察官当庭"冒犯"的歉意，第二次开庭时，在征求了董事长意见以后，我没有出席法庭，同时，请道哥转达我对主控检察官的歉意——这应该是她第一次遭遇"巷战"，或许也是第一次被律师挫伤元气。

最终，检察院撤回起诉，本案结束。

回头总结，上述辩护方式值得商榷，稳妥起见，还是庭前与审判长沟通比较合适。

向理性的审判长以及他的合议庭致敬！

挑战副院长审判长

在民法慈母般的眼神中，每个人就是整个国家。

——法律谚语

上　集

我们接受 TH 公司的特别授权委托担任诉讼代理人，我和我的助理李想律师出庭。

我调侃李想律师，他入行第一个案件跟我上高级人民法院，第二个案件上中级人民法院，第三个案件上基层人民法院，一个月的时间中华人民共和国的三级法院就都去了，我向他保证我一定继续努力，争取尽快实现他还差最高人民法院没有去的"理想"。

在 TH 公司建设工程施工合同纠纷案中，我方委托人被诉承担赔偿责任，在第一次开庭后，法院采纳了我们的观点，追加导致我方委托人成为本案被告的工程实际施工人为本案第三人，并且在判决中确定了由其承担赔偿责任，我方委托人承担连带责任。

在本案中，审判长支持了我们追加当事人的观点，但没有支持我们提出的"应当由第三人承担本案全部法律责任的观点"。

理论上说，在法院追加当事人之前，我方被诉要求承担赔偿责任，即"有去无回"，现在是连带责任，"有去有回"，我们有追索权，可以算胜诉了。

案件并不复杂，拿到判决书时，我还是觉得蛮有成就感的，毕竟案件在我们出庭后，对委托人而言最不利的局面发生了改变。

在夜的静里，我重读判决——这是多年的习惯，一段优秀的判词，一个精辟的理论观点，绝对可以算得上一段风景，我喜欢追求这种快乐。

有趣的是，我听说本案的法官是该院的副院长，不仅如此，还在律师事务所里"实习"过，担任过"律师助理"，对于这位求真务实的资深法官——也是我的同龄人，我不禁在内心给了一个大大的赞，实属难得。

我亦做仲裁员，多数案件为首席，这段经历，让我感受到了躬耕陇亩的不易。每个案件只要出裁决书，基本上都会有败诉一方——也就是那个认为自己非常有道理但诉求没有被采纳的"苦主"。

也是因为前述的这段角色转换的经历，我的思维方式多少有些改变，不再孤立地考虑自己的观点，甚至开始首先站在裁判者的角度去思考案件。滑稽的是，如此一来，竟然发现做律师这个活儿在法律行业中算得上最为"讨喜"的活儿，因为相对收益高还不需要承担最大的责任。胜诉，是因为律师"水平高"；败诉，是因为法官"水平差"。等到我自己写裁决书，一遍一遍地修改，推敲每个论点每个论据每个文字，才发现其实不能使自己的观点为法官所接受，多半还是自己的问题。要么是立论观点有问题，要么是处事方式不得法官欣赏，其无法关注你的论点。

这个案件，经过慎重思考，我决定提出上诉。

从全局上说，我们的委托人纵然在管理上存在疏漏之处，但该等失误与结果之间并无因果关系，这个案件在理论上颇有些"嚼头"，为了打好这一役，我又一遍一遍地修改上诉状，总算定稿。

我知道挑战作为审判长的副院长的权威不容易，我甚至有些不忍去挑战他，如果他败诉了，多少会损害他的职场形象。

无论如何，我们依然需要向比我们更辛苦的法官们致敬，至少就本案而言，我现在比以前更能理解他们如此判决的良苦用心，但站在律师的立场上，我们不能用感性取代理性来处理法律与事实。

我们决定上诉。

下　集

阿欣今天告诉我，我去年写的一篇《挑战副院长审判长》在自媒体（公众号：法律价值）上的阅读量出人意料，这个数字让我这个疫情期间更多靠写字自娱自乐的人有点"膨胀"的感觉。不管写得好不好，写字的思考过程终归还是可以提升一下理论高度的。我乐此不疲。

两年前，我的两位好友力挺我组队"出海"进行法律商务营销，因为他们知道我在过去的岁月里有十年的商务从业经历，而我又是如此喜欢营销与法庭辩论的一个人。正式回归律师职业已经十六年了，因为过去经历的原因，我的律师职业生涯更多的时候也是在与商业从业者打交道，看他们的营销水平与企业管理水平，向他们学习，也替一些人着急。

《挑战副院长审判长》一文中提到的案件当事人，严格来说是我们的团队决定进入商业营销领域通过陌生拜访的方式获得的第一个诉讼委托客户。我们第一次与方总及他的合伙人杜总打交道时，他们的案件已经进入审理阶段，并且已经开了第一次庭，当然不会委托我们的团队来担任他们的诉讼委托代理人。

但听了我对案件的分析，方总忧心忡忡地说："感觉我们必败无疑了，李主任您没有看我们的案卷材料，但对我们的案件分析得比我们的律师还透彻，我很郁闷。"

我只好安慰他们，说："我只是口才比他们好，比他们更善于'侃大山'而已，还是要信任你们的律师的。"

大约过了半年，方总找到我再次聊起这个案件，案件败诉了，所以希望我们来接手二审。

我们接手二审，提起上诉。该案被二审法院撤销原判并发回重审，我们算阶段性胜诉了。

方总再次找到我，希望我们接手另外一起在同一个法院审理的建设工程施工合同纠纷案件。方总说话很低调："这个案件涉案金额很小，但我们感觉打得很被动，您不要嫌案件小，我们需要您的团队的支持。"在我们合作第一个案件之后，年轻的方总绝对算得上是法律意识水平进步飞快的商业决策者，我们已经算老朋友，所以我们彼此都不介意说话随意一些。我甚至在我们彼此心情还不错的时候在电话里说他是"笨蛋"，他知道我是为他好，也并不生气。

这个案件的审判长是该院的副院长，年纪大约和我相仿，或略小我一两岁。

我去见了副院长，他一看就属于善于思考的法官。我比较敏感第一印象，我提醒我的助理将工作做细致一点，要反复推敲证据。

因为案件确实比较小，一开始我想李想律师应付就足够了，但我在与副院长面谈一次后决定亲自出庭。我确有一种不祥之感：年轻律师搞不定他霸气的审判风格与犀利的话锋。

因为我们是同龄人，他又知道我担任建设工程领域仲裁员，或许审理的建设工程案件数量还超过他，所以副院长与我说话比较客气。第一次庭审时，他采纳了我的辩论意见，将需要承担民事责任的主体追加为本案无独立诉讼请求权第三人。

方总的公司由直接责任人转换为间接责任人，我在第一次庭审之后告诉他，判决存在两个走向：一是我们完全不承担民事责任；二是我们承担连带责任。

"理论上第一种走向是更符合法理的，但我倾向于认为他们会做出第二种判决结果。"可怜的方总用郁闷的眼神望着我，毕竟我不是法官，我只好安慰他："老板，你请我出庭的时候的底牌就是责任不要归到你们头上哦。"但我心里知道他的期待并不过分。

一审判决结果下来，如我所料，我们不承担直接责任，但需要承担支付连带责任，即我们可以事后行使追索权。

上诉是需要另外支付律师费和上诉费的，我开玩笑地问他："你还想给我交律师费吗？"

方总已被我们的律师团队成功"洗脑"了。

一如年轻时的我，这小子倔强地说："我赌您是对的，上诉！我愿意交律师费。"

为了鼓励我们的律师团队，也为了纪念我们的团队从事商业拓展的第一位客户对我们萍水相逢的莫大信任，我随手写了那篇《挑战副院长审判长》，博眼球的标题吸引了超乎我想象的读者。

毕竟我们并不知道我们上诉以后会是什么结果，并非每一位法官都比我们的团队更用功、更富有研究精神，所以我只能说我和当事人一样对上诉结果处于"迷茫状态"，我只能告诉方总，如果我担任本案的首席仲裁员，我认为我们的案件应该胜诉。在我看来，这个案件的法理并不深奥，但确实需要花费一点时间去琢磨。

现在，二审结果已经出来：撤销一审判决，我方胜诉。我写本文，其实是为了给看官一个交代。

我开玩笑似地与两位合伙人说："你们真是好命，两个案件都被改判。"

他们心悸不已。

还有一个发回重审案件将继续审理，我还要再接再厉去该地法院出庭，但接下来的法庭辩论，大约可以"云淡风轻"了。

　　但，我们还是需要低调，不能包揽诉讼。

　　因为，我不是法官。

　　补记：该发回重审案件，原告最终自行撤诉。

与财神擦肩而过

念念不忘，必有回响。

——电影《一代宗师》台词

这个年过得安静平和，没有额外应酬的时候，我就把自己关在房间里看看网上的电视连续剧。今年的节假日，竟然看完了两部电视连续剧，一部叫《律政新人王》（香港），另一部是《金牌律师》（美国）。有两个原因让我选择这两部片子，一个原因是它们都与律师职业有关，我希望借此了解不同法域的律师的工作思维方式；另一个原因则是对语言的偏好，粤语是我熟悉的语言（我来自广东），英语则是我希望学得更好的语言。这是我最近五年来第一次看完整部电视连续剧。

眼睛看着电视，我心里还是有些波澜起伏，就在春节前三天，我和财神擦肩而过，这笔数十万元的律师费也是过去几年来我的单笔非诉讼法律业务中最大的数额。是我亲手让这笔不小的财富离开了我。

我无法生气，我的职业理性也提醒我要做的只是让自己更平和一些，笑对风云。在看电视时，我脑子里出现得最多的却是另一部香港影片《富贵逼人》。

这是一桩关于土地交易的律师业务，卖方为一家集体所有制企业，拥有 75 亩集体所有土地，买方为一家港资公司，我将作为买方代表律师来完成以土地交易为核心任务的收购。我开出的律师费中等偏上，买方并没有还价，而且知道我亦与卖方熟悉，但认可我的职业操守（有时我会纳闷当事人如何确定一位律师的职业操守），同时，看重我过去在房地产行业的商业经验，当然，我可以无障碍地与委托人进行粤语交流或许是最重要的原因。

授权委托书很快签发到了我手中。

买方告诉我对方要求支付的二十万元保证金的支票已经准备好，另外五百万元土地款也将在春节后三个工作日内准备好，需要通过律师事务所的账户来督管交易——这是交易双方的共同要求，我原则上同意了。

腊月三十早上，交易双方如约来到我的办公室，按照我的要求，买方首先向我出具了收购方对我的授权委托书。慎重起见，我向买方提议交易双方在我办公室磋商一轮，律所再根据结果与买方签署正式委托代理合约，这也是因为我无法按照规定将支票入账——这一天只剩下我在工作。

这是以目标企业的土地为核心的企业并购，按照双方的初期谈判及我的建议，整个工作流程为：企业并购—土地挂牌交易—土地由集体所有变性为国有。

尽管在这天谈判之前双方已经进行过接洽，但香港人的法律意识是比较强的，在他们看来，经过律师把关的事情才比较靠谱，更何况是一位能够讲广东话的律师。他们是信赖的。

买卖双方甚至都觉得没有问题了。如果不是因为买方坚持要求委托律师处理这桩交易，卖方认为是绝对没有必要通过律师的。因为卖方与我相熟，所以才向买方推荐了我。

在双方共同来见我的第一次会谈中，我开宗明义地对买方说：

"我还没有阅读交易文件，也完全不了解交易背景，但我需要以律师的职业审慎向你们双方表明，你们双方认识我并不代表我对你们认可的交易形式与交易内容先行认可。同时，我需要声明，当卖方将我推荐给买方时，我在法律义务上只有捍卫买方权利的责任，当然我会促进公平交易。希望你们能够理解，作为律师，我不得不这么说。"

经过前夜的慎重思考，我决定还是要提出一些问题，原因首先在于我内心并不认为这笔交易必须要在春节前成交，不需要这么急迫；其次在于我在没有收到律师费之前没有义务提出应该在尽职调查完成之后才能提出的并购方案。

这个观点的提出是基于被并购企业的土地使用权是属于划拨性质，我代表买方要求在并购企业前应考虑签署多方协议将划拨用土地使用权转移至买方企业名下来，否则收购方花费数百万元而并没有实际获得土地使用权，更不要说国有土地使用权。

如果这个方案不被接受，则我方要求对企业资产进行评估，按照评估价值进行交易，或者直接作为竞买人对挂牌交易土地竞价摘牌。卖方要求首先支付二十万元，买方将支票交到我手中，我将提前准备好的协议书交给买卖双方，卖方显然对要签署协议书感到有点突然，但我从买方代表感激的眼神中知道我的立场是符合职业准则的。

我在协议书中规定了交易的流程、交易总价、付款方式、期限、违约责任等核心问题，最重要的是我在协议书中确认了五百一十万元为不可撤销的总成交价（总闭口价），囊括了将土地使用权转移至买方企业名下的所有成本（集体所有制建设用地性质不改变），这立即遭到了卖方代表人的反对。卖方与卖方代表私下协商要求说服我不要首先签署如此苛刻的协议，我笑笑说："可以，但卖方需要给我书面声明对我的职业责任进行豁免。"卖方代表不再作声，他知道他承担不了责任。

我想说明的是，如果不做如此的要求，导致的结果是：我在春节前得到我本年度最高额的律师费时，买方将因此而承担多支付七百五十万元的风险，我可能背负恶意串通的投诉，这个交易99%需要通过法庭来解决。这背后的法律规定与风险，尽管我认为我在没有收到律师费前并无此披露义务，但我还是负责任地向委托人代表做出了说明。

当天下午，买方代表来电："李律师，我们决定放弃这个收购计划，谢谢你的提示。我们愿意支付一定律师费，您看多少合适？"

我说："律师费就免了吧，对方对我比你们对我更信赖，此刻我很纠结。"买方代表友善地说："这说明我们没有看错老乡。"

这一天我的心情颇为复杂，但没有什么需要后悔的。

总结：

（1）本案以后，对于大宗交易，我会要求委托人在签署委托协议书以后再进入工作角色。原来会觉得这话不好说，现在人到中年，云淡风轻，如果客观上需要花费诸多时间精力，没有什么不好说的，理性的委托人会理解，不理性的委托人则无此境界，道不同，不相为谋。

（2）我也善意提醒年轻律师，在接手案件时需要量力而为。不要基于律师费较高而盲目接受委托，如果案件处理不好，会形成不必要的风险，于人于己均是弊病。当然，还有一些潜在委托人，一方面觉得需要聘请律师防控风险，另一方面对年轻律师的专业处理经验存有顾虑，但基于低价的律师费还是抵挡不了诱惑，结果因为一些年轻律师综合办案经验不足而出现问题，如此掩耳盗铃之举，亦不足惜。

一声叹息
——说说败诉那些事儿

大家生病了知道去医院看医生，

因为医生是专业的。

大家收到了法院传票，却没有意识到需要委托律师，

因为大家没有意识到法律是一门与生活经验相隔甚远的专业吗？

——李军

董女士诉付某继承案最终还是以败诉告终，最后一次是被湖北省高级法院驳回再审申请。

在再审听证前的谈话中，高级法院的王法官当着我的面对我的委托人说："虽然我现在无法告诉你案件的裁判结果，但我可以告诉你，你的代理律师是非常敬业与专业的。"关于这个案件的律师代理词我曾经发表在我的博客上面，现在我已将它删除，毕竟这是一个败诉的案件，我的律师辩论观点没有被三级法院接受，这非常令人遗憾，并不是遗憾这个案件的败诉，而是觉得委托人对我太过尊重。看到我拿到裁定非常沮丧，她倒反过头来安慰我。

我需要解释，问题并非首先出在律师方面。多年以后的今天，想起这个案件，我还是一声叹息。

细究这个案件的败诉，主要原因有三个：

第一，咨询了律师以后，当事人按照自己的理解自己操刀。

当事人认为自己咨询了律师，律师告诉自己本案应当胜诉，她就认为这个案件可以自己去办理了，她对自己的学习能力非常自信，但是忽略了她并非法律专业毕业。司法程序不是一两次咨询就可以学会的，更不要说那些没有支付过任何律师费的法律咨询。

对于那些打电话过来"聊会儿案件"的对话，律师们首先没有义务仔细分析，那不过是一个"关于案件的闲聊而已"；其次，对于你在业余时间打来的涉及"工作"的"聊天电话"，大多数律师是比较反感的，更何况是那些并没有考虑过支付哪怕一分钱律师费的"朋友们"，所以律师们并没有义务审慎对待。专业判断与"顺便请教"效果是不一样的，后果也可能是不一样的。董女士在跟我打过一通电话以后就自己去干了：起诉、举证、出席庭审，直到她在一审第一次庭审之后感觉明显处于辩论劣势，才回头委托我担任诉讼代理人出庭。

第二，错过程序权利或义务导致失去实体权益。

我需要提示各位非法律专业的读者的一个最基本概念是：法庭或仲裁庭审理程序的基本规则是，你需要在特定的程序中完成特定的动作，错过程序可能有补救机会，但此时已经处于"败诉病毒感染"的阶段。从法律理论角度讲，程序不正义导致实体不可能正义。打一个比方：大家应该很容易理解错过开车时间（不在规定时间内举证）或者上错车（对程序理解错误或者证据不足）的严重后果。

第三，隐瞒证据或虚假陈述。

以上依然不是本案核心问题，真正的问题在于，当事人与我们签订了委托协议，居然在第二次庭审之后才回忆起来"新的证据"，这些证据足以让我们拒绝接手这桩案件，因为这些证据足以导致她必然败诉。当事人"隐瞒事实"无异于自杀。同样，至少对于民事案件（不包括商事案件）来说，承办律师不制作谈话笔录的风险也是可怕的。基于一直以来的职业直觉与对执业风险的理性规避，我在接手本案前与当事人进行了谈话并做了记录，该记录表明，其向我反映的事实并不全面，重要的案件事实遗漏以及证据偏差导致了最终的败诉，这才是委托人不好意思埋怨我的主要原因。或许在她看来，她有机会通过一位辩才优秀的律师实现"败中求胜"，现在这种情况可能会被界定为"虚假陈述"。

相比之下，M女士则幸运得多，她与董女士的情况相似，在咨询了律师以后，M女士认为这个案件就如同律师确认的，胜诉应该没有问题，于是赤膊上阵，对抗原告及其律师，最后的结果可想而知：输得惨烈。

M女士是父亲战友的亲戚，因为我曾经在该县法院出庭了当地律师都不敢代理的起诉该县公安局的行政诉讼案件并胜诉慕名而来，这个案件涉案金额不过两万余元，但因为是父亲战友的关系，我不敢不从父亲心意。

在细究判决以后，凭我的经验并不难发现其中的错误，但因为案件的再审需要向高级人民法院提出，本案涉案金额实在太小，不排除为了稳定的因素"将错就错"地驳回而不再审的可能。

这个案件依照程序向高级人民法院提出再审申请，经过了将近一年的时间最终达成调解，M女士在我再三"请求"给法院一点面子的情况下，同意支付人民币五千元，其余据说由法院从法律援助经费中解决。高级法院承办法官由衷地说："这是我当高级人民法院法官以来办过的最小的案件，但还学到了不少东西，和你沟通很愉快。"我说："谢谢您，我也是。"

有一个有趣的现象是：人一旦生病，会自然而然地想到去医院看病，会没有丝毫怨言地向医院付费。现代人都说，人的一生至少需要两个朋友：一个医生，一个律师。但为什么有些人愿意向医生付费，而认为打官司问问"医生"，就可以自己去抓药呢？

最大的问题在于，"病情"不一定向"医生"介绍清楚了，所以"病因"判断可能不准确，于是"药方"可能是错的。

有必要提醒当事人，在电话中，你和律师之间并不存在法律上的委托代理关系，即律师们没有法律义务对你的案件负责。

我也承认，我自己认为问题不大的疾病，也不过就是"百度"以后自己到药店抓药解决。我的理由是：我大约能够自己搞定，搞不定了我再去看医生。反正我去或者不去，医生都在那里。

但如果自己处理不理想，导致病情更加严重，这种后果我很清楚是我自己掉以轻心造成的。

在法庭或仲裁庭上，庭审程序就是那列"有准确发车时间的列车"，你没有准时上车，你知道后果的：你得重新买票上车——你不服就上诉好了！

更严重的问题在于，你没上车或上错车，那不是司机——审判庭或仲裁庭的错，而上诉审程序一类（包括仲裁法中撤销仲裁裁决程序与不予执行仲裁裁决程序）所审理的是：审判庭或仲裁庭在审理的过程中是否存在错误，你自己没上车或者上错车的责任，依然是自己的过错，上诉法庭不会"报销你的差旅费"。

现在你大概明白了，法庭的举证程序过了就过了，法庭不会让你"倒带重播"。

在短短的电话沟通或者"那些不支付咨询费的聊天"中，律师们是没有义务告诉当事人"自行抓药原则"，以及"按时服药规则"的，所以，通常是那些当事人自行出庭之前必须知道而事实上他们根本没有机会知道的"细节与技巧"导致了他们的败诉。

这几乎与案件事实无关，而与当事人的"愚蠢"或者过于自信有关。

所以，我觉得有必要向企业决策者郑重其事地建议：涉及诉讼，首先咨询律师，最好主动付咨询费。尽量不要请律师吃饭，优秀的律师通常没有时间在饭桌上闲聊。因为饭桌启动不了律师们的责任感，只能启动他们的味蕾。说不定还有反作用，饭局的价格可能会被人为地与对律师的尊重程度产生联想，某种程度上这会影响那些不够理性的律师们的心情，从而"更加影响"你们之间关于案件沟通的质量。

后果你懂的。

但信赖我的朋友们执意请我吃饭的心意是不能不领的。

希望读到这篇小文的朋友们由此能够改变与律师沟通的思维方式：原则上，饭桌解决不了重大疑难法律问题。

为了一个嘱托

见自己，见天地，见众生。

——电影《一代宗师》台词

张琳与罗红（文中所有人物均为化名）关于房产的纠纷案终于要开庭了，我将放在档案堆中已经三年的案卷找出来准备庭审。

很坦率地说，这是一个在专业法律人眼里觉得不可理喻的起诉，如果这个案件应当起诉，早在三年前我就代表当事人提起了诉讼，经过调查，我选择放弃起诉并且如此建议当事人——这是一个难以胜诉的案件，无论我方起诉还是对方起诉。

本案属于公房承租权纠纷，这和私有房产的继承有着根本区别。这个情况是在当事人与本所签署了委托协议，经过对案件的深入调查才发现的，后续的证据表明，案件的性质与先前的证据所展现的不一致，即委托人非本案诉讼案件适格主体。

我的委托人张琳是理智的，她接受了我的建议。基于之前我和助理做了许多工作，委托人没有要求我们退费。我向委托人表示了感谢。案件虽不可诉，但争议双方的矛盾客观上并没有化解。于是这个案件的案卷就这样在我的案卷堆中沉睡，我始终没有将它纳入已结案件。

后来的情况是，我们没有起诉对方，在双方纠纷长期未果的情况下，对方起诉了张琳，于是这个案件被重新调了出来。尽管后来审判庭对立案庭受理本案表达了与我同样的观点，但已经受理的，便只能进入庭审程序。

多年后，我写下这个案件更多的是为了纪念两位老者，我很遗憾他们已经不在这个世界上，他们分别是原告罗红的叔叔亦即被告张琳的舅舅罗老先生，还有张琳的母亲、罗红的姑母罗女士。

接手这个案件之前我并不认识张琳，介绍她给我的是她的舅舅罗老先生，老人家生前是武汉市人大的一位领导，我作为承办律师曾因一个案件向人大陈情，作为值班领导罗老接待过我。

或许是在这次陈述过程中我的认真与执着给老人家留下些许印象，一天早上，老人家给我打电话说："我一直保留着你的名片，虽然你还很年轻，但我认可你的执业态度与认真研究案件的精神，我希望将我外甥女的民事争议委托给你。"

我十分努力才将那次半小时的谈话场景与案件回忆起来，这个电话距离那次见面已经过了三年。一次短短的会面留下的名片能够让一位高级领导长久保存，并且还能将这个后生的案件回忆得如此清晰，让我着实受宠若惊，我想也没想就说："这个案件我接了，前辈，我会尽力而为。"没想到后续的调查使我最终意识到，案件的诉讼主体存在极大的问题，本案并非初时以为的比较简单的继承案件。

后来，我和我的助理非常理性地当面向罗老做了汇报，老人家沉思了一会儿，说："我同意你们的法律分析意见，但我认为对方不会善罢甘休，那这样吧，委托协议暂时不解除，你们继续为我外甥女提供法律支持。"

因为罗老的推荐与信任，张琳母女对我这个素昧平生的律师有着超过一般人的信任，直到现在我还能想起张琳母亲离汉半生但依然纯正的武汉话，甚至比已经在武汉生活二十多年的我讲得还要好，我不由得生出乡土乡情的感慨来。

在开庭前一周，我重温本案全部证据：那些曾经鲜活的人物，几位前辈包括罗老、我的当事人张琳的母亲、原告罗红的父亲均在三年间相继离开了人世，我面对的只有这些书证——罗老的留言、罗红父亲的手书遗嘱、张琳母亲的个人书面观点。

经过深思熟虑，我在案件开庭前致电审判长，主动与他预约时间希望能够在庭审前沟通一下观点，电话那端的审判长听了我对本案的背景介绍，略微沉吟后同意了我的请求。

在见面前，为了有效解决纠纷，我又专程到案涉房屋所属的房管所进行了走访，我的诚恳谈话感动了相关领导，他们经过研究后善意地表示可以在不违反政策的情况下予以支持。这足以让我感动。

这个案件背后的法理并不复杂，对于本案双方诉讼主体均不适格的法理观点我们很容易达成了共识，审判长认可我们共同致力于解决家庭深层矛盾，不要让三位在天堂的老人失望。

因为庭前的沟通，审判庭宽容地给予了充分表达的时间——当然，审判长或许也在庭前做了原告代理律师的工作，原告律师居然也没有反对我"冗长"的法庭发言。我向在场所有人介绍了这三位老者，介绍了我初时的受托以及我们放弃起诉、我之前对房管部门的走访以及工作人员善良的态度。

我在法庭辩论总结发言时说："我在看一些关于法庭的电视剧时，对那些深情地用散文的方式来演绎法庭论辩的律师颇为不屑（因为法庭终归是一个理性之地），律师应该以他们的法律素养、逻辑思维、人生经验服务于委托人，法庭不是作秀之地。但这次，我想在这个法庭谈谈人生，谈谈我对长辈、对三位在天之灵的敬仰与怀念。愿我这个普通的律师的心与力能够在法庭上感染你们这一对倔强的表姐妹，愿你们的三位长辈在世时所给予你们的言传身教能够在此刻法庭上给你们启迪，希望你们能够冰释前嫌，以你们的实际行动来告慰老人家的在天之灵！愿他们安息！"

审判长与合议庭窃窃私语了一会儿，宣布休庭十五分钟。

我们注意到原告方的家庭成员有的在沉思，有的在与原告苦口婆心地谈话，原告落泪了。

2010年9月17日，法院开庭，经过三小时的庭审与调解，最终两姐妹在法官与双方律师的劝解下和解，原告撤诉，当日，双方当事人即自动履行和解协议完毕。

张琳向我致电道谢，我说："就当向你母亲和舅舅敬上一炷香吧。"

总结：

（1）律师也是有血有肉的，有时面对朋友们义无反顾的信任，我也会一腔热血地说"这案子我接了"。本案之后，面对那些向我推荐案件的老友们说"这个案件真的有问题，你一定得接手"时，我会说，"我需要首先研读案卷"，或者说，"我需要尽可能了解一下案情再说"。

（2）在本案之前，我认为不能胜诉的案件则不应该起诉，经过本案之后，我开始反思这个问题：其实，起诉也可以是谈判的开始，哪怕存在极大的败诉的风险，甚至只会败诉。因为，不起诉，则什么改变的可能都没有。

（3）从诉讼策略的角度，要充分意识到法官也是人，也是存在感性的。作为律师，对于通常的民事案件，应当最大限度以维护社会公义、家庭（家族）和谐为己任。对于一些非敌我性质的矛盾，与法庭的提前沟通是有必要的，也是会被宽容理解的。因为，作为律师，你的态度能够为法庭及双方当事人所感知。

咨询律师说胜诉的案件败在了哪里

当事人的问题是：我问过律师，律师明明说这个案件并不复杂，我就没有聘请律师，为什么我会败诉呢？难道律师因为我没有向他付咨询费，他心里不爽忽悠了我？

律师们通常的回答是：问题的关键在于你是怎么问的？我们之间讨论了证据吗？我有向你说过你自己的案件应该胜诉，你就可以不聘请律师，而你自己也认为应该胜诉就不去出席庭审吗？法官再公正，也不能"公正"到作为你的律师来替你说话啊！你不自助，天如何助你！

这里要讨论的是一个关于咨询到底该不该免费的问题。

坦率地说，我原来没有关注过这个问题，虽然作为律师，我成天面对咨询，其中当然有法律咨询，尤其是免费的法律咨询。

免费的法律咨询靠谱吗？原来我认为不能单纯地说靠谱不靠谱，因为我习惯了听咨询者说"李律师，你们太专业了"之类的溢美之词。也基本没有人说我们不靠谱的，因为他们大概都记得他们没有支付过一分钱的律师咨询费，而他们中的绝大多数人又很乐于跟他们的朋友介绍。说跟李律师的谈话费用很高的。现在我想说，对于正在进行的绝大多数诉讼案件，当事人不要过分依赖免费听来的法律咨询意见。这真的无关于你和律师之间的交情，而是心态的问题。

这来自我的一段经历。

郑总很紧急地给我发来她的判决书，她说问过我们团队的律师，她的案件应该胜诉的，所以她没有出庭，法庭缺席判了她败诉。

当时我在开车，是通过车载蓝牙一边开车一边与她对话的，在红灯的间歇，我看了一下她的判决书，判她承担担保连带责任。因为她在担保人一栏签字确认她同意承担保证人责任。原告在保证期间过了以后并没有马上起诉，而是找过她，她为被担保人偿还了一些利息，但没有签署任何同意延长保证期间的书面文件。问题的核心在于：保证期间过了以后，担保人没有签署同意继续承担保证责任的承诺，但为部分清偿责任，此时是否意味着担保人同意继续承担保证责任？此案没有判决前，我的同事给出了"不应当承担"的肯定性结论。结果败诉了，法院判决承担连带保证责任。

本来我建议她上诉，认为这个案件从法理的角度可以辩论一下，听到她说一审缺席法庭审判，我只好对她说："我不能确认你能够胜诉"，这里可能存在一个很微妙的因素，那就是：藐视法庭的后果很严重！假设一种情形：在被告缺席的情况下，原告基于被告在担保责任期满后依然代为偿债的行为，在法庭上陈述"担保人是基于同意继续承担担保责任才直接代替被担保人向我偿债的"。法庭判决的风向，将瞬间逆转。被告败诉，不成问题。

我们可以比较通俗地解释这个问题：原告支付了诉讼费，可能还加上律师费，在案件中他出借了现金享有债权，被告一不到场，二不申辩，被担保人无话可说，担保人缺席审理。如果你是法官，凭什么支持债务人方胜诉？

在郑总咨询我的时候，我并不知道她没有出庭，我甚至不记得她咨询过我。对于每日一睁开眼睛就需要讨论案件的律师而言，我的大脑没有预留无律师责任的免费咨询者的记忆空间，因为在律师的字典里，他们不属于委托人，也称不上"当事人"。对于没有付费并建立委托代理关系的人和律师而言，彼此之间的对话只是一段对话而已——你问我答。

　　我们之间的关系大抵是：你客气地问一个问题，我善良地回答一个问题。

　　我会尽可能地回答你的问题，但那的确不是我的义务。

　　一个已经进入诉讼或仲裁程序的案件严格来说应该经过以下几个分析环节，至少我和我的团队是这么做的：

　　（1）对案件事实的梳理。在这个过程中，我会一边看文件一边听当事人说——根据当事人的陈述来对应证据，同时，用证据来印证当事人的陈述，而不是相反。因为一些当事人存在侥幸心理，他们只愿意告诉你他们想告诉你的，而不是事情的全貌；而对另一部分当事人而言，他们不知道什么才是问题的全貌，这是他们的思维以及表达能力的问题；还有一部分当事人，就民事案件而言甚至是不算少的一部分当事人，他们压根儿就不知道事情的全貌是什么，但他们表达的勇气以及自信是极其容易误导新手律师的判断的。在新手律师的律师—委托人关系法则里，律师被教导应当信赖当事人，也只有信赖当事人，彼此之间的关系才能和谐，否则内部早晚出现"鸡飞狗跳"的情况。

　　（2）对案件分析。一些喜欢研究的法律人将它更进一步分解为：法律研究、法理探索、案件检索、规则总结。中国和美国在司法实践方面的差距，其中最重要的一点就是律师执业技能的差距。律师终归不是大师而属于法律"工匠"。法律职业技能本来应该是法科学生大学阶段必修的课程，但实际上直到现在，中国的法科毕业生们对于如何研究案件都还处于一种几乎可以称为"蒙昧"的状态。我甚至不敢说这其中就不包括我。律师执业技能水平的参差不齐，就导致律师们——尤其是年轻律师们在案件分析能力上良莠不齐，这是实际办案效果产生差距的重要原因。我想善意指出，律师确实是一个需要终身学习的职业，所以选择一个学习型的团队作为你的诉讼/仲裁案件代理人是有必要的。举一个简单的例子：如果不具备足够的诉讼经验，很多律师依然不能对解除权、违约责任、合同的效力这些看似基本其实比较容易混淆的问题做到"一口清"。笔者在庭上也会遇到口若悬河自信满满但法律理论理解肤浅甚至是错误的律师，或许他的辩才与气场足以让他的委托人自信地将律师费交给他。如果败诉了，则必然是法官的水平"太差"或者对方律师"走后门"了。

（3）对案件的预判。虽然《律师法》以及司法部都要求律师不能包揽诉讼，但这不等于律师不需要在合理的分析之后对案件的走向进行预判。否则委托人恐怕不会愿意支付律师费，我通常的说法是："这是我根据你的介绍以及我们现在所拥有的证据情况，根据法律规定所做的分析判断，我的预判是……但很抱歉，我不是法官，我不能向你承诺案件最终结果一定如此，因为对方当事人也同样向他的律师支付了律师费。"当事人通常能够理解。

了解了这些，我想无论你是当事人还是"吃瓜群众"，大概已经有了一个标准律师的谈话框架与职业形象了。

祝天下所有"苦大仇深"的当事人都能寻觅到一个"这就是我需要的律师团队"。

如何选聘律师

这是一篇试图告诉当事人如何选聘律师的文章。

我想在本文中表达两个基本观点：

（1）一名优秀的律师应该是有足够的能力把你的案件分析得通俗易懂的，你在他的指导下应该可以自己对案件的未来走势有一个判断——当然，这是建立在你如实向律师陈述案件事实且能够充分提供证据的前提下。

（2）一名优秀的律师通常不会在不清楚案件的难易程度与对应的工作量的时候告诉你他的律师费很贵。他会首先了解案情而不是想到他的律师费，在此之后，即便你不聘请这位律师，建议向他支付咨询费，哪怕是朋友。信守合约很重要。

01 会"讲故事"的律师

我很清楚，作为律师，我不算高手，但也不算"低手"。

从我的当事人——通常是一审败诉的案件的当事人——嘴里，我经常听到的一句话："您把这个案件的脉络给我介绍清楚了，我理解了。"

我会很奇怪地追问："你们之前也聘请了律师，为什么你们一审会败得这么惨？"——应该是因为我的知名度不够，或者是我的朋友圈认为我的律师费太贵了？我通常都是接手在别的律师手上"死"得有点惨的案件。

　　可怜的当事人还经常义无反顾地委托我担任上诉审案件代理人。尽管我很直截了当地提醒他们，90%以上的上诉案件都被判决或裁定驳回上诉，维持原判。

　　对于我好奇的提问，当事人多半的回复是："我们没有判断律师水平的标准，一审律师当初跟我们讨论案件时的那种自信深深感染了我，我当然信任他，而且这使我对自己的案件也很有信心。我们没有理由输的。"

　　我只好接上一句："你们不是输了吗？"

　　这就说到当事人痛处了，于是无语。

　　为什么当事人会说"您把这个案件的脉络给我讲清楚了"？我想，关键在于表达方式。

　　很多当事人被律师的雄辩与自信所感染，因而根本没有去听甚至也听不懂律师嘴里的那么多的术语。

　　而我通常会将案件高度概括成几句话，然后再给他们讲一个"故事"，尽可能通俗地将为什么一审法官这么判决，以及当事人在一审案件中所表达的事实和证据与一审法官的判决出现偏差的原因分析给他们听。

　　对可怜的当事人而言，这多少有点苦中作乐。但至少听完我的分析，当事人能看到一点曙光。

　　这种沟通方式或许与我喜欢写字有关。

　　当事人更愿意听也只能听得懂将深奥的法律理论与实践结合，之后深入浅出的表达。

　　我只是极其普通的中国律师中的一员，亦拥有每一位律师都不差的"舌尖上的舞者"的超凡演说能力。

　　我经常会说："你的案件是否能够胜诉，我讲完了以后你用自己的逻辑就可以判断。"

　　这句话使得当事人听了我的"一半是火焰，一半是海水"的分析之后，一方面遗憾，另一方面更有斗志。

当出现这种效果，就意味着我不得不在新的案件面前在夜的孤灯下久久冥思苦想——幸亏我不讨厌做这样的工作。

在写字的过程中，法律的理性很大程度上会被淡化，变成了感性的文字。因为多数文字非学术性质，随手一记，久了，律师如我，也就多了几分悲天悯人的情怀。

这种情怀，与可怜的当事人是极投缘的，只是他们意识到这一点再认识我的时候，成本已经比较高了（"倒霉"的我通常在败诉案件上诉审的程序中被别人介绍给可怜的当事人）。

一名律师，会讲故事是很重要的。

这种表达方式，是美国律师在法庭上的基本功——他们需要用一个好的故事打动大陪审团。

在中国，我越来越认为，一名律师如果不能讲一个他的当事人认可的故事给法庭听，这种律师—委托人关系是比较脆弱的。

律师与当事人之间的核心是：相互信任及顺畅沟通。一位可怜的当事人在一审败诉之后愤怒地对我说："我的律师对我说得最多是，这个你不懂。"

还有一个重要提示：选择一个能够有效处理你的案件的律师，而不是选择一个适合做你朋友的律师。我听到许多悲惨故事，可怜的当事人大约都有这么一个共性：那律师是我一朋友。

02 关于律师费

我不太关注其他律师如何收取他们的律师费。

我的收费在我看来不高不低，但对于大部分朋友而言，他们或许觉得还是有点高。我经常说的一句话是："我希望在我们之间只讨论一次关于钱的话题，其余的时间让我和我的团队去研究案件。支持我们全力分析研究案情，去争取你的案件胜诉，比跟我们讨价还价以及让我们成天惦记着钱这个问题更重要。"

感谢我亲爱的朋友们以及我过去的、现在的委托人们，他们在我的绝大多数案件中尊重我的这个关于钱的原则。我没有告诉他们的是：在我的内心深处，如果我和我的团队能够接手这个案件，此案大约就已经胜诉了。

如果一个案件，对于律师而言，只有败诉一条路，律师要做的，应当是建议他的咨询当事人：直接谋求与对方及其律师和解，不必另行聘请律师出庭无谓加大诉讼成本。

我想特别善意地提醒委托人，一旦你与律师签订委托协议，如果你们在协议中约定了分期支付律师费，那么委托人最好恪守诚信，律师在前方作战，你却不为他提供军粮，这种极不友好的处理方式会极大损害律师工作的积极性。从法律角度而言，如果协议中约定了律师事务所在迟延支付的违约失信情况下有权单方解除协议，则你要考虑此等风险。

我与我的一位老友签订了委托代理协议，原本应该在开庭前支付律师费，但开庭后委托人经我多次催促，迟迟不付。

碍于多年交情，我一直没有催促，平心而论，金额并不大，但这种态度所折射出的是金钱的"重"与我们多年交情的"轻"，这种不诚信的做法激怒了我。我给法官去了电话，告诉他我不再担任本案代理人，鉴于这个案件已经开庭，只剩下判决最后一个环节，我就不发函给法院了，毕竟也是我多年的朋友，给对方留点面子。

法官同意了。

此后，法院终审驳回了我方的上诉，此案彻底败诉——而委托人不知道的是，因此案属于建设工程案件，我在开庭前做了大量的工作，整个二审法院开庭，用陪同我出庭的我方工作人员的话说，"就是给法庭上课"。在某种程度上，我是这个案件的"最后一道防线"。

可怜的当事人，他真的不知道自己失去了什么，他不知道，要寻觅一位愿意为他的案件勇往直前的律师是需要缘分的，是需要上帝借他一双慧眼的。

命运有时候是会弄人的。

两年后，我担任首席仲裁员，居然处理了一桩几乎"克隆"前述案件的建设工程施工合同案件，一方亦为国有企业，其在仲裁庭最"诚恳"的表达是："尊敬的仲裁庭，这个案件我们无论如何不能败诉，同类性质的案件在我们公司以及整个行业中可能有数千起，如果败诉了，后果不堪设想。"

在该国有企业工作人员多次请求约见后，我会同仲裁委员会相关领导接待了他们，我向他们深度讲解了法律规定以及立法背景，出于慎重的考虑，我向仲裁委员会主任申请多给双方一个月时间进行庭下和解，对于国企，本案败诉风险极大，建议自行和解。但无果。

一个月将尽时，我签发裁决：国企败诉。

此案，与上述委托人案件类似，我在我的裁决书中援引了我的裁决依据：最高人民法院某个指导案例（我特地写上了案号），以便当事人自行学习。

这个指导案例，我也曾在上述上诉审案件的法庭辩词中详细援引，透过审判长的眼神，我相信他还是有点震惊：这个案件看样子需要慎重合议。

哪怕你和律师是朋友，信守合约也很重要！

败诉反思

诉讼本身就是一场特殊形式的战斗，
律师就像那挥舞刀剑的斗士。

——法律谚语

每一位律师，在记录自己的败诉判决时心情都是复杂的。本案是我在律师职业生涯初期代理的，直到现在都让我难以忘怀。在其他律师担任一审代理人败诉后，当事人通过朋友介绍找到我，因为同样是广东乡音，他几乎忽略了我的专业水平就确定委托我担任二审代理人。现在想来，我在那时被鲜见败诉的战绩冲昏了头脑。我甚至有些张狂地认为，如果我败诉，一定是法官水平不够。后来我发现，几乎所有败诉的律师都是这么认为的。一直到我自己做了首席仲裁员，所做裁决中必然有一方当事人败诉，于是我也被败诉一方律师"骂"。我终于明白，案件败诉，可能还是我的水平存在进步空间。我便不再张狂，低头行路。

本案由我接手后经历了高级人民法院的终审以及最高人民法院的再审，均告败诉，这个结果颠覆了我对民事合同举证责任分担的一些自以为是的经验之谈，也让我清醒地认识到，"真理通常能够最朴实地被理解"。本案的败诉，最直接的理由就是：契约至上。我在后来谈到"诚实信用"原则在商务活动中应当得到最大限度的重视时，通常会讲到这个案子。

直白地介绍这个案件的背景，其实就是一句话：如果你在一份约定了高额违约金的合同中签字盖章了，你要小心，可能真的需要承担。

否则，你至少需要一个足够优秀的一审律师，而不是二审律师！

自该案之后，再上最高人民法院，我多了几分惶恐之心，我需要问自己，"这个案件足够正义吗？"

为理解这一点，我付出的成本很高，当事人付出的成本更高。

多年以后，我与本案的审判长倒成了惺惺相惜的法学之友。虽然在以下当时写就的文章中读者会有很多的疑问，但对于现在的我而言，已经没有那么多疑问。败诉的问题，也值得年轻律师思考。

01　最高人民法院再审败诉

X 某诉 YH 房地产开发有限公司地役权合同纠纷案经过两审终审，现已结案，本案双方上诉，但均被驳回（后来再审亦被驳回）。本案成为自《中华人民共和国物权法》施行以来（从当时的角度来看）因地役权合同纠纷违约金判赔数额最高的案例，心急的一审法院宣传部门人员甚至在上诉期就把本案报到了湖北省高级人民法院网站上，以抢得新型案例首判法院之名。

本案双方上诉（对方当事人未获得起诉预期的赔偿额），从理论上讲，双方在上诉审中都败诉了，但也可以说一胜一败，至少我认为我们成功抵御了对方的上诉请求。

终审法院（湖北省高级人民法院）采纳了我代表 YH 公司提出的代理观点，将双方的交易地位作了一个一百八十度的转换。一审认定我方是需役地人，现在确定我方是供役地人，这个事实的认定对于律师来说看起来是一个肯定，但这个案件反倒因之变得滑稽，案件变成了这么一种情况：应该先得到利益补偿的人因为对法律事实的错误认识没有得到先期支付而做出了义务性承诺，现在因为违反了这个合法但不合约定的承诺需要支付巨额的代价。不仅如此，本案因房屋间距而起，现在赔偿金额甚至高出本案讼争的一栋楼的价值。导致这个结果出现的原因是：合同约定加上法官的自由裁量权。

用法官的话说就是："这不是律师的水平不行，是案件的基础太差，你已经尽力了，如果你是一审代理律师或许情况会好些。"我只能轻轻摇摇头，留下一声叹息。

尽管有些不痛快，但还是有必要留下一些总结，毕竟律师不是法官，直到现在，我和一些法官、律师同行、检察官以及法学教授们讨论这个案件，大家依然还是仁者见仁、智者见智。本案系《物权法》生效以来因地役权合同违约而判赔金额最高的案件，站在代理律师的角度从全案去分析，这本该是一件可以追求新意与完美的案件，很遗憾！

问题一：律师对待新型案件应该如何开展工作？

无论是新型案件还是传统案件，就如同天下没有两片相同的树叶一样，每个案件都有它的特性，一名律师在任何时候都应该以审慎的态度去对待他所接手的案件。这是一个职业操守的问题，更可以上升到一个人的综合水平的高度去讨论。在一个行业做得久了，很容易做成"油条"，在"油条"的眼里，所有的案件都可以用同一个观点去涵盖。

How to Brief A Case（如何去概括案件）？这是我在纽约福特汉姆大学法学院学到的最重要的一门课程，我相信它会影响我将来的职业生涯。运用案件概括方法，并不难将本案归入合同和侵权这两个法律关系里面去，根据原告的诉讼请求，本案很容易被界定在合同违约中，如果我站在原告立场上，我也会毫不犹豫地选择违约之诉，因为它可以支持当事人实现谈判利益最大化。

　　如果一名律师没有对民法领域保持持续的关注，《物权法》是可能被忽略的。按照特别法优于普通法的原则，本案首先适用《物权法》，遇到关于不动产的法律问题，首先应从《物权法》里去寻找特别法规定，本案的关键词至少包括：地役权合同、侵权、相邻权、违约、调减、原则、撤销、合同效力等。

　　作为代理律师，如果他想要作秀给委托人看他是如何的雄辩与思维缜密，并不是一件难事，但如果律师要在判决以后问心无愧，那就需要他有过硬的个人素质了。

　　经过数日的阅读、思考与讨论，在本案中，我最终放弃了继续追求合同无效或效力待定的思路。但这个转变过程被法官抓到，甚至写到了判决中，还强调是"自相矛盾"的。从判决结果上看，这种转变是适度的，否则可能导致对方上诉成立我方判决金额加高，法官的自由裁量权并不永远只是降低判决金额，上级法院是有权改变下级法院过低的赔偿金的。在司法实践中，这某种程度也是法院对于不尽职、不思考、说废话的代理律师的一种"无声的惩罚"。

　　直到现在，我与法学教授、律师同行、检察官们讨论自由裁量权的行使时，我们都基本承认，我们无法说服对方。但大家都认同一个基本观点：原则上，违约金不应该比讼争财产的现金价值更高。当然，这个观点并非适用于所有的违约金调减的案例，但至少在本案中，共通的社会生活基本常识告诉我们，这个价值判断取向是合理的。

　　补记：现在回头看，契约至上，这些反思看起来有点杞人忧天，但在当时，当事人意思自治在司法裁判中的支持度确实不像现在这么明晰，这么毋庸置疑。这个案件的背后，其实只有一个问题，那就是举证责任的承担如何确定。作为违约方（我方），未就违约金请求调减的度进行举证。这个案件发生在相关的司法解释出台之前。

问题二：继任代理律师应该如何对待二审诉讼风险？

中国司法审判实行两审终审制，上诉是当事人的权利，但这是有代价的，最直接的就是你需要支付上诉费，需要承担上诉不利的败诉风险。

作为继任代理律师，我最大的忠告就是：在没有仔细研读案卷材料之前，不要对咨询当事人做出胜诉败诉的倾向性结论。在此情况下包揽诉讼无异于"自杀"，上诉审几乎可以算是律师—委托人关系中最脆弱的阶段，要么终审后有庆祝，要么律师将面临指责甚至是问责。今天我在此总结自己的得失时，我的某个同行也因他自以为是的言行而被问责，当事人认为他的律师在开庭时不停地发短信，根本没有关注他的案件。现在案件败诉了，当事人需要一个交代。我不能肯定这位律师是否真的不尽责，但他展现给委托人的实在没有办法作为其尽责的证据。

当然，在上诉期间作为律师不能不发表法律意见，但我认为还是需要有所保留，理由有几点：一是没有看到案件的全部材料，二是应急场合的观点往往是凌乱且不全面的，甚至还会有自相矛盾之处。做初任律师时，觉得当庭交出律师代理词是有水平和敬业的表现，现在则更愿意在庭后补交代理词，或者提交补充代理意见。在本案中，我更是提交了代理词、补充代理意见、再补充代理意见十余页。

上诉审就像一个捉迷藏的游戏，法官对于你理解错误的问题没有义务告诉你，但他会运用法律赋予他的驳回诉讼请求的权利，而实际上，如果你在法庭中适时地纠正错误尤其是理解上的错误时，你或许会成为胜诉方，至少法官没有办法轻易地把你变成败诉方。

问题三：律师应如何正确地对待程序法和实体法？

我一直认为，律师是集思想家、外交家、演说家、历史学家、导演于一身的职业，程序法与实体法就是律师们需要 Performenance

（我暂时没有找到合适的词来替代它，就引用了美国律师的用语）的元素。

遗憾的是，作为二审代理律师，当事人及代理人在一审中没有充分注意关于违约金调减的审判程序，导致二审从证据角度丧失举证权利并承担了更大的败诉风险（即便二审重新举证亦不构成"新的证据"，不会被采纳）。按照法律规定，当事人应当在一审中提出对原告房屋价值进行评估以确定其实际损失的上限，但在"违约金调减"的问题上，代理律师显然忽视了更深层的代理思路。他或许认为"违约金调减"是法官的自由裁量权而不需要律师来举证，但实际上，最高人民法院在违约金调减的问题上通过一则指导意见给出了操作性的规定，同时发布了官方解读，对此的规定是：

（1）违约金调减可通过抗辩或者反诉方式提出；

（2）申请调减方应就违约金过高及调减的度进行举证；

（3）对方则需就违约金约定适度即与实际损失相适应进行举证。

很遗憾，一审代理人没有注意到这些规定，这导致原告在此问题上本应遇到最严厉的阻击，但实际上"未发一枪一弹就进了城"。当二审再进行举证时，终审法院的法官们的思维方式是"我们是否必须改变下级法院审判委员会做出的集体审判决定？难道改判到30%不叫合理，再降10%就叫合理了吗？"法官告诉我们的法律规定是，"错过了举证期限，同时不属于新的证据"。面对这个156万元的判决，除了遗憾，我只能对我自己说，很庆幸，我知道了如何在重大案件中做一名称职的一审代理律师。

02　一审败诉的遗憾

2019年成为过去式，永不再来。

我们被时间推搡着来到了2020年，我真心不想来，什么原因？

我在武汉，你懂的！但我们无法改变命运之手的安排。

　　宅在家里，除了湖北省，其他省份的同事们都已经复工了。什么时候上班？别问我，我在等通知。

　　宅在家里的时间可以安安静静地整理一下过去的工作，同时规划2020年的工作。毕竟，我们不能向时间这位顽主低头。

　　金总诉K公司不当得利纠纷案告结，我们败诉，听到消息后我主动打电话给金总，建议他不必上诉，因为上诉基本上不会改判，他和儿子小金商量了一下，最后接受了我的建议。

　　我通常不会对小标的案件感兴趣，这是朋友推荐过来的案件，所以当时交给了我的助手去办理，我也明确告诉当事人这个案件存在一定的诉讼风险，并且要求助手与共同出庭的搭档提前做好律师谈话笔录以及风险提示笔录。

　　有人会问，你也算一位经验丰富的律师了，为什么明知道当事人败诉的风险比胜诉的风险大，还会接手这个案件呢？原因有四：

　　（1）当事人可能败诉的风险不是来自事实客观上对他不利，而是来自证据可能对他不利；

　　（2）在律师还没有进入工作状态时，我们并不能当然确定我们不能通过补充收集证据来证定我们的诉讼主张；

　　（3）我们亦认为，这样的小案件通常不会引起资深律师们注意，对方当事人的律师水平以及当事人与律师之间的配合可能使这场本可以通过谈判来解决的"战争"出现微妙的变化，两军对垒智者胜；

　　（4）千万不要忘记了，诉讼除要胜诉以外，它也是一个"谈判程序"的开始。

　　败诉的最直接原因是，当事人信誓旦旦能够为我们提供的证人证言不仅不能证明其希望向法庭主张的"事实"，反而可以证实对方当事人提出抗辩的理由。

问题出在当事人以为与"证人"平日里交情不错，非常自信地认为他们应该可以出来作证，但实际上，证人在面对法庭时往往是慎重的。证人首先会考虑不能撒谎，其次也并不愿意出庭作证得罪对方当事人——毕竟他们日后还要见面，这时对客观事实的理智认知往往会占据上风，证人会说要对事实负责。

失去证人，我们虽然在证据链上并不够完善（这就是败诉风险），但不等于我们的主张绝对不能成立，这时律师的庭审实战经验与法庭辩论能力某种程度上将起到力挽狂澜的作用，但要坦率地承认，这种情况下能否胜诉取决于审判长的自由裁量权。如果你遇到一位相对保守的法官，他更倾向于"证据所反映出来的事实"而不是基于"证据加法律逻辑判断而确定的事实"，那么这种情况下，当事人是容易败诉的。

这个案件，唯一"胜诉"的是小金总，年轻的他通过这个小小的案件难得地认识了几位律师，在别人对律师这个职业的工作程序以及如何评价与选聘律师还很懵懂的时候，小金通过我们比较深刻地熟悉了律师以及法庭的工作流程，同时，我想他应该对"证据不能想当然"的道理刻骨铭心。

小金也会从商，我想，他从这段经历中所获得的知识和经验，应该是远远大于本案败诉的成本的。

起初我向他善意提示本案存在极大的败诉风险时，小金说服了他的父亲。小金对我说："李律师，我不知道我们是否能够获得新的证据，但我信任你们团队的工作态度与责任感，我们去赌一下吧，我们父子俩不能输了这口气。"

我相信即使对方当事人胜诉了，在这父子俩面前多少还是会有点抬不起头来。

这也够了，做人，就是要有尊严。

艰难的上诉审

律师的神圣职责是：为了拯救和保护当事人，即使赴汤蹈火、粉身碎骨也在所不惜。

—— [英] 布鲁厄姆爵士

在诉讼中，律师完全有可能使法官改变审判结果。这需要律师在整个诉讼过程中，始终保持着清醒的"判断力"，对可能出现的各种危险及时做出正确的判断。

我和我的团队处理了一些再审案件，其中有些获得了神反转，由败诉改为胜诉，还有一些不尽如人意。

为什么本应该胜诉的案件会败诉呢？

大部分时候，我和我的团队在处理建设工程以及股权与合同纠纷类案件（我们是投资并购法律事务部），我以此类案件举例来讨论。简要而言，再审的理由主要是认定事实不清及适用法律错误，因为这不是专业级别的讨论，所以请我的法律同行不必过于计较其中的表述完整性问题。

一、关于认定事实不清问题

（1）认定事实不清，这是一个法律上的概念，问题在于谁造成了"认定事实不清"。我的观点倾向于认为，大部分是律师的问题，当然当事人没有聘请律师的情况不必考量在内，有律师都会出错，没有律师的情况，大部分时候不会好过有律师的情形。

（2）为什么有了律师还是会造成判决书中认定事实不清呢？可以把一部分责任推到法官那里，因为法官是裁判者，但水平也有高有低。但更多的责任在律师身上，我倾向于认为，既然当事人委托了律师，律师作为职业代理人就有义务协助当事人获得对其有利的判决，这就要求律师应当将事实说清楚，不要造成法官最终对事实认定不清。

需要提醒当事人的是：如果一审出现"误诊"，一审法院判决败诉，当事人要通过上诉程序"起死回生"，这项工作难上加难。上诉审法院一般而言是维护一审裁判结果的，因此，如果一审诉讼一方当事人处于不利的地位，上诉审中法官判决认定的事实相对会比较倾向于对方。从这个角度来说，一审法官认定的角度不利于你，相当于你在二审程序中多了一位"诉讼敌人"——因为你需要与你的律师合作说服二审法院改变一审法官的认定，二审的辩论对象首先是一审法官的观点，其次才是对方当事人。如果说一审程序叫"事实审和法律审"的话，二审则是对一审法院所认定的事实以及适用的法律进行全面的审查。但这需要当事人自己提出主张，请记得民事诉讼的基本原则——不告不理。

（3）律师应当如何在法庭上将事实说清楚？这是一个工作方法以及工作态度的问题。在我们处理的案件中，我们使用更简洁与直观的方式让合议庭了解事实，比如通过法律关系图、时间轴、大事记等让合议庭在最短的时间内了解案件并且合法地引导合议庭按照我们的建议来安排庭审节奏。当一位"高级律师"在法庭上淋漓尽致地表现他那熟练的辩论技巧和高超的演讲才能，左右逢源、得心应手，从而博得当事人的顶礼膜拜时，请当事人别忘记问问你的律师："我们的证据足够充分吗？"法官们通常具有相当丰富的经验，能够理智地把那些与案情毫无关联的事实或者带有偏见的事实加以排除，当法官表现出这一点时，当事人就离败诉不远了。

（4）合议庭愿意被引导吗？坦率地说，一位负责任的审判长是愿意被优秀的律师引导的。我还记得我处理的一桩上诉于武汉市中级人民法院的案件，在二审中我采用了可视化图表的方式向审判长提示审理要点，在后来的庭审中，审判长拿着我庭审交给他的图表来进行法庭询问，这个案件被发回一审重新审理并胜诉。我本人亦作为首席仲裁员在武汉仲裁委员会主持案件的审理工作，就我个人而言，我也是愿意被合法地引导的。因为时间的原因，我相信法官们会比律师们更忙碌更紧张，很大程度上无法像仲裁员和律师们一样去深入细致地分析案件，一部分分析工作交给了法官助理，但法官助理缺乏足够的经验，这就造成了一个断档，助理因为经验不足分析案件可能不够深入，法官经验丰富但不一定了解案情，这时一位经验丰富且足够专业的律师就显得尤其必要。

（5）只要是律师就能够处理当事人委托的案件吗？我的回答绝对是：No！在一起建设工程案件中，我们的委托人在山西某基层人民法院败诉，诉讼请求被彻底驳回。我们接手了二审，通过对案件的法理分析，我们认为法官对法律的理解是错误的，于是我们特地为二审合议庭提供了最高人民法院的类案判例，并在法庭上进行了比较详尽的分析，案件取得了较好的庭审效果，中级人民法院的法官认为上了一堂很好的教育课，他们会认真考虑我们的法庭辩论观点并认真研究最高人民法院判例。但最终由于地方保护主义，该案还是没有在二审得到改判。不久之后，仲裁委员会指定我担任首席仲裁员审理一桩与前述建设工程案件高度相似的案件，我毫不犹豫地裁决该案施工人一方胜诉。在山西案件中，二审终审判决施工人败诉。一位在专业领域拥有丰富经验的庭审律师，是需要仔细寻觅与甄别的。

二、关于适用法律错误问题

在前面阐述逻辑的基础上，说说关于适用法律错误的问题。

在法官层面以外，出现这个问题的原因可以归结为律师的研究与表达案件的习惯。最近注意到一个观点，在类似案件中如果不参照最高人民法院判例来进行判决的话，是容易被改判的。我曾经作为全国律师协会在美国法学院高级培训项目成员之一接受培训，我对尽可能参照判例是绝对支持的，长久以来，同案不同判形成了大量的错案，滋生了无数的贪腐，当事人浪费了大量的钱财，人生也因此无序与迷茫。

在我们的案件中，我和我的团队研究了审判长对于类似案件的裁判旧例，分析合议庭的审判逻辑，再与最高人民法院判例进行比对。同时，提出其中的差异，并对法理进行深度阐述，以此来最大限度避免出现适用法律错误问题。

客观而言，在庭审程序中法庭调查阶段的法官调查环节以及法庭辩论的争议焦点归纳环节，合议庭关于法律的理解以及法条的适用基本已成轮廓，律师应该对此环节有足够的认知与警惕。

有一个有趣的现象，当一方当事人及其律师被审判庭"狂轰滥炸"进行提问时，要么该当事人方离胜诉已经不远了，要么法庭只是为了揭穿一个不忍心告诉当事人的事实——关于支持你胜诉的事，你的律师一点都帮不上你，这些提问只是为了告诉你这一点。

有时候，法官有很多话不能对当事人明说，心里有话不能畅快表达，这是蛮难受的。

我自己担任仲裁员，也有很多话不能告诉可怜的当事人——我知道你有道理，但仲裁庭实在无法在你如此苍白无力的证据基础上支持你胜诉啊！这时，我只好通过"狂轰滥炸"的提问让当事人知道：你的律师的水平或者责任感太差了。

　　总结一下，你为什么会败诉？没有选聘律师的当事人只能自认倒霉。对于选聘了律师的当事人而言，一定程度上，可以说是因为选择错了律师。要么是律师专业经验不够，要么是律师庭审经验不够，还有可能是除了收的律师费够，其他都不够。

官场·商场

小魏突然来电要见见我，他刚下火车问我是否有空，想和我聊聊。我有些奇怪，他应该在上海工作，怎么会刚下火车就约见我，坦率地说，我们并不熟悉，我舅舅教导我，"平手不打架，低手不谈话"。虽然他曾是副处，但"80后"在我眼里似乎还是小孩子。尽管如此，我还是答应出来见一见他。

小伙子原是湖北某厅的新闻发言人，后来"下海"去了上海。我认为他是有能力的，年纪轻轻的就已经到了副处，前途一片大好。他是我妹妹的朋友，第一次给我打电话时不是随妹妹喊我哥，而是直呼我的名字，这让我有些不习惯，如果不是妹妹的朋友，我多半是不会同意在我的空余时间见他的。

他在去上海之前曾专程约见我，很客气地征求我的意见，原来是上海的一家公司要"挖"他担任董事会秘书，年薪当然相当具有诱惑力，与其说他在征求我的意见，不如说他想让我帮他审查审查合同。我些许不悦，我不喜欢官场的年轻人还不知道如何当领导，倒先学会了摆"官架子"，碍于情面，我给他提出了一些意见。之前一日他也来见过我，因为他要和新的老板通电话，他就他在电话中要表达的工作理念请教一下我的观点。后来的谈话表明，我给他提出的一些建议在他的新上司那里显然是给他加了分的。

客观而言，除非是我非常敬重的政府界朋友，否则我不会参与这种无趣的业余应酬。出于这种心态，我刻意晚了十五分钟出门，因为我认为他并不属于我认可的一类人，更确切地说我不喜欢那些缺乏感恩之心的年轻人。

　　这次见面他礼貌了很多，问我能不能一起吃饭聊聊？

　　因为这天正好是我和太太的结婚纪念日，所以我婉拒了。

　　我同意次日见他，还有一个原因是我也好奇现在的"80后"政府公务员"下海"以后过得好不好，他们的心态如何，他们后悔吗？他们是否能够担当得起国家对他们的重托？

　　在我心目中，这一代人还没有成熟到能够深刻地理解民生，他们可能还不足以胜任国家管理的职责。当然，我要承认我的观点有偏见。

　　我走到小伙子面前坐下来，坦率地说，我不知道他要与我谈什么，为了掩饰尴尬，我点了一支烟，等小伙子说话。

　　小伙子明显胖了一些，这也和担任企业代表以后不得不应酬有关。用他的话说："我以前哪和科长吃过饭?!"

　　我特别注意了一下他的眼神，以前那种官员的傲气的眼神已经没有了，多了些平和与岁月的浸染。

　　我终于明白他其实是想从我这里多了解一些关于公司上市方面的知识，以验证他平时学习积累的知识体系，我不由得对这小伙子佩服起来。他的母亲在武汉，这次是回来探望母亲的，但下火车的第一站却到了我这里，并且带着虚心的学习心态，只是他不知道他的学习多少打扰了我的业余生活。

　　基于这种欣赏的态度，我便不再排斥他的提问和闲聊，提出了一些观点供他参考，我也感受到他与以往不同的谦恭。

　　从官场"下海"到商场的他，比以前更认识到法律的重要性，用他的话说，律师是懂得游戏规则的。一个不懂游戏规则的公司和一个懂得游戏规则的公司在成本、效率、质量上可以说有天壤之别，言语之中他甚至带着一点当初没有学习法律的遗憾。

这让我想起旧日与我一起参加司法考试的杨兄，那时他是区团委青少年教育办公室副主任，在一次安排采访的活动中认识我。那次之后，他便决心要参加律师资格考试，但那些大部头的考试书籍，对于非法律专业的人而言，难度可想而知，他也有些退却，问我："李军，你能不能给我一个让我坚持下去的理由？"我说："法律即是社会生活的游戏规则，你愿意做一个明白规则的官员还是做一个无知无畏的官员你自己考虑，相信有一天法律人会成为政权的核心层。"胡兄同意这个观点，多年过去了，努力拼搏的杨兄已荣升副区长。

我好奇地问小魏："现在与你年龄相仿的处长们过得好吗？"他说："情况非常糟糕，他原来所在的省厅系统有二十多个领导被抓了，整个省系统抓了不少人。"他说这话时脸上带着凝重的表情。

我对他从官场的云端"下凡"到企业的心路历程比较感兴趣。小伙子说了句由衷的话："现在企业太难了。"

"是否还会考虑会回原单位？"我试探着问。

"回不去了。"他说。

"如果有机会的话你会选择回去吗？"我很好奇他的内心世界。

"或许会吧。"他低下头，沉默良久。

我递给他一支烟，为他点上火。这是我们打交道以来他第一次抽烟。

经历了两个截然相反的生活圈，小魏感触很深："年轻的公务员的生活就是在'三门'里转，家门、校门、单位门，根本不懂企业和社会，'拍脑袋'制定政策，现在看来，这种公务员选拔制度是有弊端的。"

分手时，小伙子很客气地说："不好意思，让你在这个特殊的日子抽空和我聊天，打扰了。"我友好地拍了拍他的肩膀。

我从他眼神里读出以前没有的诚恳，我很欣慰，他会是一个对社会有用的人，至少他在现在的工作岗位上为了协助企业上市与中介机构合作，认真地承担着法律规定的企业义务。

我不经意地说了句："兄弟也不小了，该成个家了。"他笑笑说："是啊，我也付出了太多了。"他说这句话的口吻，让我想起他做新闻发言人的神态，或许，他更适合做政府公务员。

我相信他的这一段与众不同的经历必将为他的人生增色，也向拼搏的"80后"年轻人表达敬意，或许我们这些"70后"小看了他们。

他们的敬业与执着、创新与进取应成为这个国家的希望。

祝福他们未来的生活充满色彩和希望！

单飞的年轻律师，你过得好吗

律师是一个靠技能和智慧取胜的行业。

——张勇《远见》

徒弟弱弱跟我说："师傅我想单飞，我的同龄人都单飞了，我想我早晚也要有这一天，没有生活费，压力山大，这些都是我必须经历的，我准备去体验一下。"

我在心里想，这些话没有错。徒弟初到我身边时，寡言少语，两年过去，姑娘已经可以比较自信地和我说话，间或还会有一些小幽默。

现在姑娘要单飞，作为过来人，我知道这有多难，但这个过程确实是需要经历的。于是我说："有困难随时来找我，我会尽我所能来支持你。"

单飞的律师们，不知道你们有哪些酸甜苦辣？单飞的日子是否天天快乐？

有一些建议写给我年轻的师弟师妹们参考，因为现在获取知识与经验的途径已经有很多，所以我只想谈谈个人观点，供各位参考：

（1）年轻律师要养成惜言如金的习惯，不要在网络上做"喷子"，这很无趣，也降低了自己的格局。

我曾经在网络上发表了一篇小文，谈到一桩民商事案件，站在我作为仲裁员的视角讨论律师在仲裁庭的表现。在文中我用了"辩护"这个词，我想表达的意思是律师为自己的"立论"在法庭辩论环节进行"辩护"时，应当注意措辞与司法礼仪。在使用"辩护"这个词的时候，我就敏感地意识到绝对会有年轻律师上来"鄙夷"两句。为这个词，我还和我的助理进行了讨论，助理认为网络上不必要中规中矩，同时，辩护和刑事辩护是不同的概念。我认为，狭义上的"辩护"确实是指"刑事辩护"，但广义上的"辩护"，则可以泛指为自己的立场进行辩论。所以我在文中依然使用了这个词，不出所料，一些年轻人没有关注到其他观点，只是针对"辩护"一词说"我要方了"（鄙视之意?）。任何人听到不喜欢的声音都会多少有些不悦，冷静想想之后，我没有做任何回应。有一句话，"平手不打架，低手不谈话"。

我把这件小事也拿来和儿子分享，我告诉他："当你与别人交谈时，如果别人说了一百句，其中九十九句话让你反感，但有一句话值得你回味与学习的话，爸爸建议你为了这一句话向别人道谢，而不要去做'喷子'。"

做人，格局决定了一个人的人生高度。做律师，更需要有格局。

（2）做律师，不要一上来就向当事人建议"这个案子可以起诉"，要多去想这件事情是否可以通过非诉讼渠道解决，避免给当事人带来不可言喻的损害。

有一次，因为我在高级人民法院不卑不亢地维护委托人利益的表现赢得了审判长的尊重，在案后，审判长知道我担任仲裁员，又难得地表达了赞许。我从朋友圈中得知，这位女法官可是"油盐不进"的。多时以后她来电话，高级人民法院的一位同事遇到装修工程纠纷，存在仲裁条款，因为当事人不方便出面，她向同事推荐了我。担任高级人民法院法官的代理人，这是个荣耀且有趣的经历，我约谈了那位法官。大家知道，无论诉讼还是仲裁程序都会有个相对较长的过程，诉讼程序尤其。理性考虑后，我在征得了那位法官同意的情况下，以律师的名义给装修公司老板去了电话，希望面谈一次。对方知道委托人是法官后也不想将事情闹大，我们决定"择日不如撞日"，就在当日下午见面。通过这次见面，我协助双方将矛盾的焦点找到，启动我过去的商务管理经验在现场将矛盾化解，至此无讼。

（3）在讨论案件过程中，要尽量避免对不同当事人的好恶情绪，更不能轻易表现出来。一方面，这会影响律师对案件的分析（责任心）；另一方面，甚至可能影响律师对于案件性质的判断。

2009年，我听到我的助理在与其他同事讨论我们自己案件的当事人时，当众表达了对我方当事人个人品格的不屑，并且对其个人评价的措辞极为不堪。我把助理叫到我的办公室，告诉他这样做的严重后果。律师要有超然的境界，他必须知道律师与当事人之间的界限，为当事人排忧解难但不能等同于当事人。过分的好或者过分的恶都会使律师失去一个理智的执业状态。这不是一名优秀律师所应有的心态。

（4）律师一定要有职业道德，要做到品格高尚。这点很重要。

有一次，我代表朋友应对方当事人的邀请去其住处面谈，事后看来我是落入了对方的陷阱，对方当事人觉得我不容易对付，于是"略备薄酒"希望我退出此案，我只好说我们双方可以考虑和解。对方恼羞成怒，为了得到我的家庭住址，对方的律师出了个馊主意：让当事人报警称我在与他发生口角时用酒杯划伤了他的手（事实是，他多次表达希望我退出本案，我婉转表示我有我的职业操守，他盛怒之下摔了酒杯而伤了自己的手）。我到派出所说明了情况之后，警察对对方当事人说："即便你说的是真话，你也未必打得赢与这位律师的这场官司。"不仅如此，派出所还现场将另一位犯罪嫌疑人带到我面前来，请我现场对他解释一下故意伤害的法律规定，嫌疑人听完后立即同意了民事和解协议。

（5）年轻律师在经验不足时要多体味读杂书，这是我对团队青年人一直以来的建议，要培养人文情怀。

律师工作面对的是人：当事人、决策人、法官、仲裁员，等等，要充分意识到听你说话的是人而不是机器，所以不要太"照本宣科"，要懂得说话的变通。我年少时意气风发，一次在一位庭长面前高谈阔论我对该案的法律意见，出了门以后，庭长给我律师事务所"头儿"打电话说："如果不是看在他还年轻，又是你的爱将的份儿上我就把他赶出去了，还给我上课！"事后"头儿"将这话说给我听，我羞愧不已。之后在法官面前说话，多了几分谦恭，少了初时的张扬。

（6）我想向你们建议，当遇到专业以及人生的困惑时，勇敢地向一些善良的前辈请教与寻求帮助，包括请他们支持、辅助你出庭，这样你能够少一些因为经验不足而导致无谓的失败。

"予人玫瑰，手留余香"，一般而言，欣赏你的资深律师不会拒绝你。我的建议是，在小所的律师要善于运用互联网的资源，在本所专业性不够强的时候，勇敢结交互联网上的高手。可以与他们探讨商业利益，支付一定指导费，请求前辈的支持，我想大部分前辈不会拒绝。毕竟同行惺惺相惜，我们都曾是过来人。

（7）我建议年轻人在单飞的日子里不要首先想到钱。

如何将案件处理好，是律师的本职。我说的处理好，是指起诉状，与委托人之间的沟通质量与效率，证据目录，代理词，以及对法律关系的把握，等等。

律师的收入是一个水涨船高的过程，需要循序渐进，急不来。正所谓："忍得住疼的人方有大成。"

（8）在大所需要提升自己的"发光度"。

所有的中国律师包括我都会为"明天的早餐在哪里"发愁，年轻律师更甚。我曾向网络上的大咖以及年轻的网络营销高手们学习"营销秘诀"，他们的工作确实有许多值得借鉴之处。对于年轻律师而言，展现自身能力的能力是更重要的能力，"酒香也怕巷子深"。身在大所，来自资深律师的合作机会相对更多一些；也有更多的青年律师值得选择，这时你的"发光度"一定程度上可以帮到你。比如你的敬业态度、你的文字功底、超越他人的案件检索能力、组织协调能力（集团诉讼中会用得上）、谈判能力、勤勉度，等等。

（9）对待法律文书起草要有一个精益求精的态度。

律师在起草法律文件时不要提笔就写，尽管我个人觉得自己的文字表达能力还行，在写作本书时我还是彻彻底底地明白：能够一气呵成的通常只是诗人或散文家。作为律师，写作应当严谨——好文章都是改出来的。

起诉状、答辩状、上诉状、代理词、法律意见书要一遍一遍地改。

法律文书的写作风格个人认为简洁为宜，文本中的段落宜短不宜长。如果叙述较长，建议使用小标题。可以考虑将长段拆开，采用有标题的小段。

要记住，律师起草仲裁或诉讼文书的错误即使可以逃过当事人的眼睛，但绝对难逃仲裁员或者法官的眼睛。

（10）法律文书要特别注重排版问题。

笔者担任仲裁员，有机会居中地阅读双方代理律师呈递仲裁庭的文件，我以为在这个网络极为发达的时代，年轻人应该已经意识到法律文件的表达形式——排版方面的问题。

但遗憾的是，居然还有为数不少的律师所提交的文件让人"不忍直视"，律师文件不过如此，水平又能高到哪里去?! 实践证明，法律文件形式难看的律师代理的案件，败诉概率大于那些法律文件首先在形式上相对优秀的律师。

某种程度上，一个案件的成败就取决于几个关键词，如合同效力待定、保证期间、优先受偿权、侵权责任、违约责任等，以适当的方式让合议庭快速认识到要点则能"拔得头筹"。

（11）关于案例以及法条的援引问题。

笔者个人倾向于在处理诉讼或仲裁案件时援引案例与法条。但这是一把双刃剑，一旦援引错误，是很容易伤到自己的，这点需要特别注意。对于法条的援引，原则上不要超过五条，这是基于阅读心理所做的善意提示。法官和仲裁员也是普通人，也会烦。

对于仲裁案件，尤其建议援引案例与法条，理论上，仲裁庭的组成不如法庭专业，因此需要更加审慎。

以上是早先发表在"知乎"里的一篇小文，没想到吸引了众多的年轻粉丝，他们给我留言或提问。有两个提问比较多的问题，我想说一下个人想法：

（1）去小所还是去大所？

其实小所大所对于新入行的律师而言不是最主要的问题，首要问题是跟对一位指导人（师傅）。相较而言，有师傅带的实习律师和没有跟过师傅的实习律师在工作规范程度以及思维方式上会有一些不一样，这点在单飞以后比较容易显现出来。具体来说，一方面是办案质量有差距，另外一方面则是工作谨慎程度有差距。工作一定年限之后，再根据自身情况来决定自己办所还是去大所，原则上，在小所需要在专业化、精品化程度上突出特色才更容易立足。

（2）做诉讼业务还是朝非诉讼业务方向发展？

至少在中国的绝大部分律师事务所，我个人认为这是一个伪命题。首先，没有扎实诉讼功底的律师是缺乏非诉讼业务底蕴的，非诉讼业务需要扎实的法律风险评估能力，没有经历过法庭辩论以及胜诉败诉的"冰与火"的考验的律师是做不好非诉讼业务的。如果你说你能做得很好，我想善意提醒你，那只不过是做团队中的核心做得不错而已，但不是团首。如果告诉我你是团首，我想说，你不过是现在还没有摔跤，不必骄傲自满。

祝福我已经单飞的三位徒弟，2020 年单飞的日子诸事顺意，学有所成！我希望你们的理论素养以及你们过去与我合作的积累多少能够对你们有所帮助。祝你们好运！

性格内向的人适合做律师吗

一位年轻的法科毕业生和我聊天，他已经通过法律职业资格考试并取得职业资格证书，向律所求职被拒绝多次，拒绝他的理由是，通过交谈觉得他性格过于内向，不适合在律师职业发展。

性格内向的人适合做律师吗？他的提问让我陷入深思。

我在想，如果他站在我的面前，申请做我的助手，我会给他offer吗？

如果只有这一个背景情况，通过与他的谈话知道他是一个性格内向的人，我可能同样会拒绝。

但这个小伙子是一个有心人，如果他首先向我自我介绍说虽然格有点内向，但喜欢律师这个职业，为了获得offer，做了这些准备……

我欣赏有准备的人。你需要知道你的对手或者你要公关的对象是谁，你可以内向，但你不可以没有准备。对于我而言，我只会因为你没有展现你是一个有所准备的人而不给你机会——但我可能会因为你缺乏律师必备的素质而给你的待遇和机会不够多。这一点，你暂时需要忍耐。

我想起我的助理想哥，他是我的新任助手，相较于我曾经的两位助理而言，坦率地说，想哥可能没有他们优秀，无论是理论深度还是沟通能力，在我看来，他言语或许过短了一点（想哥或许会看见，但希望不要介意）。最终我决定邀请他与我合作，很重要的一个原因是他对我说："李律师，您现在可能觉得我不适合做律师。我做了六年的警察，经过深思熟虑，我想做律师，因为我喜欢。另外我请您相信，虽然我的起点低基础差，没有律师行业从业经验，但我会很努力。"

这几句话温暖了我，我说："臭小子，我给你一个机会，但保留炒你鱿鱼的权利。通过交谈你应该可以感觉到，我很挑剔。"他说他知道，会努力。

过了很长一段时间，我很"恶毒"地跟他说："臭小子，你除了开车过了我的关，其他还有待观察。"他说他知道。

我也在关注他的专业成长，我认为这小子确实比较用心与努力，恰如当年的我。

为什么我会主动去指导他呢？因为他做一些在我看来很琐碎的助理工作时没有抱怨。他珍惜各种学习机会，努力融入团队，同时关心公益。很多事情，走心了，能够让人感动了，自然会得到机会。

现在，他有点进入角色了，我说："继续努力，不要嘚瑟。等能写一份我不用改的文件再说。"我又补了一句，"我自己的文件我都会改好几次，所以能做到这点的话，小子你可以炒我鱿鱼了。"

对于性格内向的年轻朋友，我的不成熟的建议是，这个不足，你需要用其他的优点来弥补。在我看来，就是把能做的事情做好，同时让你的指导人看到你有前途，不怕你没有经验，只怕你不懂得笨鸟先飞的道理。

很多人会自我安慰："大不了我不做诉讼律师，我去做非诉讼业务就好了。"

有道理。但这是一个伪命题——没有一个不经历法庭论战的律师能够成为优秀的非诉讼律师。

诉讼业务是非诉讼业务的基础，这是无争的事实。

如果你内向，你需要比别人更了解律师这个职业要具备什么样的技能，你需要对着镜子告诉自己：我会改变我自己，我行。

当你准备好了去改变自己，你又想把你有义务去做的每一件与专业有关的事情做到你认为的极致，你必须主动学习，这种由学习带来的自信会在一定的累积之后，成为强大的力量。你会发现，即使你只有一张年轻的脸，但你的委托人透过你的眼睛，能够读到的是你的深度、理性与韧性。

所以，做好了改变自己的准备，去勤奋工作，去不断总结，你还是有机会的。你一定记得，不要成天把"我比较内向"当歌来唱，要清楚地知道这对于律师职业而言是致命弱点。

当你以职业的标准来约束和要求自己时，你会发现，每一位律师，只有该不该说，没有内向与外向之分，你自然会改变。如果你发现自己始终没有改变，那是因为你不善于学习与总结。

法律人的尊荣，在于法律人的寂寞

法官是一个寂寞的行当，最高法院应如修道院一般，否则没有存在的理由。

——［美］联邦最高法院费利克斯·法兰克福特大法官

"法律人的尊荣，在于法律人的寂寞。"这是我国台湾法学界一位大家说的话。法官职业如此，律师职业亦是如此。

律师的寂寞，贯穿于律师职业生涯：理论的养成与实践的应用。回头看我自己一路走来的理论学习，似乎也有一定的时代烙印，一个时期有一个时期的热点。

2004年执业至今，我基于个人兴趣爱好参与了以下几个专业的学习，参与了国内法律培训机构组织的培训，包括但不限于：

（1）商业特许经营；

（2）建设工程法律；

（3）公司治理与投资并购；

（4）公司尽职调查与IPO。

这当然不是全部，只是其中对我个人职业发展影响较为深远的几个部分。这些影响，包括但不限于：

（1）对商业运营模式的理解与运用；

（2）对项目流程管理的理解与运用；

（3）对企业发展阶段的理解与运用；

（4）对公司宏观与微观管理经络的理解与运用。

　　2009 年到美国纽约福特汉姆大学法学院游学，这是我第一次踏出国门，基于我对英语学习的兴趣，也顺便去看望已经移民美国纽约的舅兄与岳父母。

　　这次由中国律师协会与中美法律交流基金会组织的中国律师美国高级培训项目给我打开了一扇国际之门，也是我选择北京盈科律师事务所作为我职业生涯一个高点的理由之一。继美国之后，我先后游历匈牙利、奥地利、捷克、斯洛伐克、法国、意大利、瑞士、德国、阿联酋等多个国家。我过去在英语角的一些积累让我快乐地接触当地人们，他们自内而外的善良淳朴让我思索良久。很多人问我去国外到底能学到什么，毕竟我们的法律体系不一样，我们的法律思维方式甚至也不一样。我还没有系统地思考这些出国的经历于我的影响到底有多么深远，但通过学习与游历获得的包括但不限于以下这些改变是对我有终身影响的：

　　（1）一份法律文件，在写成以后，要在三个不同的时间将文件看三遍或以上；

　　（2）商事调解技能及其思维方式将在中国的法律发展进程中起到越来越大的作用与影响，事实证明，的确如此；

　　（3）从法制的角度平等地对待每一个人，无论是程序还是实体，在律师服务于委托人的过程中也要将这种观念贯穿始终；

　　（4）不要以为你是律师似乎就高人一等，这只是一项谋生的技能而已，因为责任重大而需要更加郑重其事，而不是骄狂自大；

　　（5）让人感受到与让人看到并且还能感受到的服务在品质上是不一样的，中国律师通常以为自己做好了前者就变得很自大，其实不然；

　　（6）谦和是一种品质，最平常的表现就是你能够做到任何时候替下一位进来的人拉开门而不是关上。

01　商业特许经营

应当承认，我国与发达国家还存在着很大的差距，这也表现在商业模式的运用上。商业特许经营，在国外已存在百余年，我国几乎是20世纪90年代中期才兴起，至今未形成法律，支撑其发展的，还是国务院早年颁布早已滞后的《特许经营管理条例》。

法律规范的滞后，造成了行政管理上的滞后，也导致了商业运作上的无章可循。虽然有一些粗线条的规范，但无法在企业运营的执行层面上落实，这就出现了一百个师傅有一百种办法（套路）。

尽管如此，商业特许经营在经过了二十余年的发展后，逐渐在国内变得炙手可热，中国人从来就不缺乏学习能力与思考能力，许多商业决策者开始考虑如何才能让他们的商业变得更容易被理解，于是有了"标准化"这个概念。虽然这个概念早些年也有，但在商业运营的角度被提上一个高度，商业特许经营模式功不可没。

2004年年初，当意识到商业特许经营将成为一个商业发展潮流时，我到北京参加了商业特许经营技能的培训。有趣的是，这项培训原本是针对高校教师的定向培训，组织者没有想到还吸引了四位律师的参与，组织者对律师的学习态度与前瞻性感慨不已。

一般而言，特许经营包括七大体系：

1. 加盟体系

它包括两个内容：招募人员、招募加盟商，也就是说，在招聘人员上，能顺利招到有用的人才是因为你的品牌影响力和企业文化。对投资人来讲，则是看到了你的体系优势和价值所在。具体表现为法律文件：特许加盟合同包括区域合同、单店合同、意向书、商标使用合同、网络使用合同、保密协议、保证金合同、广告基金合同等及加盟条件、加盟步骤、授权方式等。

2. 管理体系

这是特许者所开发的一套非常成熟的操作体系，来帮助所有加盟者管理区域或店面。具体有加盟手册、运营手册、培训手册、行为规范手册、VI手册及各项规章制度等。

3. 培训体系

这个体系在特许经营中非常重要，企业如何保证工作人员拥有较高的业务素质，如何保证服务让消费者都满意，如何保证加盟商复制模式不走样，这都与一个完善的培训体系分不开。具体表现为：管理者、授权人员、培训教师、区域运营、加盟店运营、咨询顾问的培训等。

4. 支持体系

它是整个系统的后台和保障。在大多数特许经营的公司里，都有客户服务部或客服中心，它涉及加盟商签约后的入门辅导及后续支持。通常特许经营的支持表现方式有几种：强大的广告宣传、完善的电子商务系统，以及持续不断的培训系统。系统设定在那里，需要有人懂得如何操作，支持就体现在如何帮助加盟者学会运用这些系统。

5. 监督管理体系

它是保障特许系统正常运转的重要手段。如果有一些不良人员混在里面，怎么监督、发现和纠正，都是靠监督管理体系来保障的。包括运营、财务、法律三大方面。

6. 视觉形象体系

我们熟知的所有特许品牌，都有一个显而易见的共同之处——VI，也就是商标、店面装修、店内布置、制式物品、广告、工作制服等。它是品牌战略的重要组成部分。

7. 组合推广体系

每一个加盟商的力量都是有限的，在整个系统内，所有的加盟商一起来做组合推广，市场会呈现爆炸性的放大效应。通过总部全国广告基金及各地加盟商的统一宣传，从而达到在媒体宣传上的轰动效应。信息技术在传统行业中已得到广泛应用，发展潜力巨大。它可以使特许体系内的资源得到共享，拉近总部与区域分部距离，是双方共同发展的最佳纽带。例如，商品配送管理、监控管理、体系内部培训、上传数据、网上答疑、网络会议及新业务的传送等。在建立特许经营体系时，要结合本企业的状况、产品的特性及盈利模式，设计好特许费用的构成及授权方式。例如，加盟费、保证金、特许权使用费、广告基金等，费用多少、都有哪些项目及收取比例，区域授权还是二级授权、单店授权等，都一定要结合具体情况来确定。

商业特许经营是一种商业模式，相关专业教科书从学理的角度有专门的阐述。通过以上的浅显介绍，诸君不难从中领略商业服务企业的发展路径，包括经营决策的要点与难点。

律师要做什么？其实是要告诉企业决策者决策要点与难点在哪里。要点要在日常管理中加以关注；难点则需要在日常培训中加以强调，避免操作偏差。

对于商业特许经营而言，法律规制是进行企业管理与商业决策的指南针与风向标，但这个问题极容易被误解，决策者们通常会认为交易对方吵上了门或者告到了法院才需要请律师。

你会很诧异，企业决策者尤其是民营企业决策者们将身家都投入自己的企业中，他们难道不比律师更清楚自己企业的管理要点与难点吗？理论上是这样的，但实际情况的确不是这样的。

一些甚至在我看来非常优秀的民营企业家也自信地认为：我发

出工资是为了让你承担好你的岗位职责的，员工应该像李律师这样不断学习以升职加薪。

实际情况多半是，在员工看来：

（1）提供岗位培训是老板的事；

（2）专业型的公司应该引进或培养专业型人才；

（3）出现了比较专业性的问题应该由老板来解决；

（4）律师是用来解决法律问题的，我们不能什么问题都问律师。

这种劳资双方出现的观点对立造成的后果通常是极具破坏性的，包括但不限于：员工不正常的调离原岗，工作衔接不畅，非正常减员，工作效率非正常降低，商业特许经营理论体系从未得到正确的应用，企业知识产权体系及其商业秘密保护系统极其脆弱并缺乏延展性，交易双方对于合同的签署与执行问题存在理解上的严重偏差并由此造成口角与争讼，企业商誉下降并破坏整个特许体系，等等。

那么管理的要点在哪里呢？在培训上！

（1）企业内部全员培训，避免理论体系的理解与执行偏差。商业特许经营体系的建立与运营是一项相对于其他企业发展模式而言更具专业性的工作，这就要求企业自上而下形成统一的认知体系，尤其忌讳出现下面懂上面不懂或者半懂的情况。因为决策是高层的事情，决策者不懂还有权乱决策造成的危害是具有杀伤力的。

（2）对客户的培训。对客户的培训是一个广义的概念，包括与客户沟通的任何层面，即合同订立前关于条款的介绍与讨论，合同条款执行阶段的沟通，理解偏差的调整，执行监督与改良，等等。

基于对商业特许经营体系的理解，作为律师，我意识到：

一个企业，需要同时存在顶层设计与基层实践两个层面，决策者思路不清晰、缺乏全局观会导致企业发展方向不明确，发展缓慢等一系列问题。同样，企业是由多个执行部门构成，人员素质必然存在参差不齐的问题。此时则需要进行培训，形成执行层面的观念上的统一，否则领导者纵有天大本事，落地时依然会摔个结结实实。

以下是我早些年针对一份法院判词写下的学习笔记，发表在我自己的博客中，希望透过这些只言片语，我的年轻的同行们能够有所感悟，如何思考，如何学习。

（1）从司法实践的角度来看，法院较之以前更趋向于坚持"契约至上"原则，对合同诚信提供司法保护，体现在只有违反效力性法律规范的前提下才宣告合同无效，加大了对合同违约责任及损害赔偿责任的追究力度。

（2）基于前述观点，这对特许经营合同的签署"精度"及专业程度也提出了更高的要求，比如违约责任的确定、解除权行使期限、交付的标准、验收的标准与异议的提出期限、后合同义务的范围及损害赔偿计算方法等，建议当事人应尽可能详细罗列，同时还应保留兜底条款。

（3）特许经营案件通常在诉前在合同"无效"还是"撤销"，以及解除权到底如何行使的问题上存在法理上的争议。比如，对于合同解除权到底是否可诉，到底是请求权还是形成权的问题，司法裁判上并不统一。在商务实践中，为了避免陷入法律困局，建议当事人尤其是特许人在合同起草时寻求专业律师的帮助。

（4）特别需要强调的是，合同的公平在任何时候都是相对的，特许人（总部）为了有效维护整个特许体系的统一性，必然设定一部分对受许人义务的强制性规定，并且这些规定极有可能是不平等的，这是否必然可撤销呢？只要根据规定对这一部分内容进行相对醒目的区别性的提示，如受许人签署合同，则该部分内容仍然对受许人产生拘束力。

（5）就商业交易行为而言，合同只是一个交易的开始而非终结，整个交易过程特许人处于风口浪尖，更需要通过证据的环节来保护自己，所以完善管理环节，加强证据意识（档案管理）是非常必要的。

（6）对于特许经营总部而言，基于特许经营标准化的特性，任何以总部名义发出的公函对其他受许人都是具有普遍拘束力或者说存在证据效力的。鉴于此，善意建议总部管理人对外发出的公函应经特许经营专业律师审阅后再行签发，否则容易形成风险。

02　建设工程法律

如果说我基于商业特许经营的学习，认识到了企业管理的顶层设计与基层实践之间的辩证关系的话，那么，关于建设工程法律的学习与实践则让我进一步认识到了企业管理节点与管理实效的重要性。

一定程度上，商业特许经营侧重的是宏观管理，而建设工程的项目管理侧重的则是微观管理。

需要强调的是，这只是从我个人——一介小小律师的肤浅理论与实践角度来理解，只是"一个人的采菊"，个人所见之"南山"而已。

2006 年，我加入上海建纬律师事务所，经过理性的考虑，我追随尊敬的李犁主任（已故）成为武汉分所一员。在当时，学习房地产与建设工程法律理论，是时势所趋，当然，这个方向也是我有兴趣学习和研究的。

需要特别向我的两位好友——小平与阿琪——致谢，对建设工程专业理论中一些问题的钻研得到了他们两口子的指点。

我对建设工程法律的理论学习与司法实践可以分为三个阶段：

（1）对建设工程法律的初步学习，由此建立较为系统的理论框架，这点，是通过我为自己定下的每一年必须参与一次专业理论学习的小目标实现的。

（2）在专项法律顾问与诉讼仲裁司法实践中具体运用所学理论并进一步学习与思考。实践是检验真理的唯一标准，只有将理论运用到实践中去才能知道自己的不足，才会有源源不断的动力使自己进步，我乐此不疲。当然，很重要的一个原因，还是那些友好的前辈与朋友们不断鼓励我。

（3）担任武汉仲裁委员会建设工程专业核心首席仲裁员，进行更为精准的学习与司法理论适用。

担任仲裁员与诉讼代理人，两种角色完全不同。做裁判员与运动员有天壤之别。做仲裁员的酬金相对于律师职业而言可谓微薄，但仲裁员角色所给予我的则是社会公理与法律公义担当的使命感。

作为北京盈科（武汉）律师事务所业务指导委员会副主任及曾经的青年律师工作委员会主任，我在多个场合忠告青年律师，在专业法律学习的过程中，建立自己的理论体系是重要且必要的一环，这个过程不是一蹴而就的。千里之行，始于足下。要耐得住寂寞，方能有成就。我记得一位年轻人给我发来邮件，非常信赖地与我交心，问我：“我已经在律师这个行业三年了，一无所成，我怎样才能进入快车道？”我回复道：“人生从来无捷径，我的浅见是，脚踏实地，耐不住寂寞就早些转行。”不知多年以后，他还好吗。我们都曾年轻，小伙子没有什么错。但愿他由此多了些经历。

我的建设工程法律的学习，在经历了第一阶段也就是系统的理论框架的学习阶段之后，还有一个重要理论学习阶段：对建设工程示范合同文本的学习——对合同条款逐条的理解与消化过程。这个过程尤为重要。杜甫诗云：“会当凌绝顶，一览众山小。”只有纵观全局，才能知道建设工程项目管理的经络，才能进一步从司法实践的角度认知项目合同管理的要点。

通过这些基础理论的学习，我根据自身过去的商业管理经验预先总结了一些建设工程合同谈判的要点。实践证明，这些提前的总结在法律实务工作中是有效的，它能够保证遇到问题不慌乱；当然，仅有不慌乱是绝对不够的，更重要的是你需要第一时间解决遇到的问题。

我的第一起建设工程案件的委托来自 2007 年。在刚刚从北京参加建设工程与房地产司法实务培训项目后两周，我应 W 总的邀请为他的朋友——来自广东的 X 总提供法律咨询。X 总公司在一起建设工程施工合同纠纷案件中遭遇被动，第一次庭审结束，己方代理律师逻辑混乱，法庭对于建设工程的理解与适用也处于模糊状态。当事人在涉案工程项目中投入千万元，这是客观事实，但权利能否实现首先取决于能否胜诉，代理律师的表现让 X 总如坐针毡。

因为担任过总经理的原因，加上不久前系统学习了建设工程审判实务的理论体系，分析这起案件对于我而言并不太难。于是我很自然地听到 W 总惊叹道："我认为你不错，没有想到你这么专业。"这种惊叹极其容易感染 X 总，加上广东话的乡音，X 总没有任何犹豫就确定撤换委托代理人。出庭多年，法官对我是熟悉的，这种熟悉使得我比较容易向审判长在庭上或庭下解释我刚刚学到的建设工程相关法律理论，即便是皮毛，对于之前没有系统理论指引的案件，也能产生重要的影响。这个案件的律师费，构成了我第一套房产的首付的一部分。

我也要感谢 CG 兄的引荐，也是因为他的引荐，我得以认识 Z 兄，二十年过去，我和 Z 总依然惺惺相惜，担任他的幕僚，是我感到荣幸的事情。也有负效应，因为他率性的抬举，以至于顾问单位的合作伙伴甚至不敢直接向我提出法律咨询，说老板让他们小事情不要打扰我。我只好说，回答他们的问题是我的责任，我只是一枚小小律师而已，不是什么角儿。因为 Z 总的举荐，我担任了多家国有企业的法律顾问。他对我溢于言表的称赞显然感染了他的那些集团同事们，这些老总们的信赖让我汗颜，同时也激励我继续努力。

执业初期到现在，遇到很多我不懂或者不能立即解决的法律问题，我依然会严谨地说："很抱歉，这个问题我现在不敢回答你，请你给我一点时间研究一下。我会在三天之内回复。"通常委托人都表示理解。因为你的态度与诚恳已经写在了你的脸上，是否信赖律师如你，委托人其实心里有数。

我忽然在想，一位波澜不惊的律师需要经历如何的人生以及需要如何的修为。

关于建设工程项目合同管理要点，我每一次对项目公司——无论是发包方还是承包方——都会提到，这些来自律师方的建议要点包括但不限于：合同效力，固定价格（固定总价、固定单价），签证（有效签证、无效签证、变更签证、签证时效），索赔与反索赔，质量与验收，交付使用，质保期，决算与结算，工程造价鉴定，行政审计，违约金，逾期付款利息，赔偿金，争议解决方式，等等。

我需要特别说明，以上这些问题，通常是建设工程诉讼与仲裁裁判中的要点。或者说，在我个人担任建设工程仲裁案件首席仲裁员的裁决书中，会涉及其中的全部或者绝大部分问题。

而贯穿这些法律问题始终的，则是证据！在诉讼与仲裁案件中，这些叫证据，在公司运营的过程中，这些叫档案。

所以需要强调：公司档案管理环节很重要。

其实，律师拥有再优秀的辩才，如果没有证据，也是徒劳的。在我担任首席仲裁员的建设工程案件审理中，有一位律师在整个案件审理举证过程中，除了提供建设工程施工合同以外居然只使用了一样证据：照片，用来证明项目的开工、竣工与验收。我几乎要哭，如果裁决我的委托人败诉，有违公正正义，如果支持他的委托人胜诉，极度缺乏证据。正在我感慨"申请人方这是要求仲裁庭'看图说话'啊"，极有个性的申请人方代理人向仲裁委员会提出申请我回避本案审理，理由是"仲裁庭奚落申请人代理人"。在他看来，照片是当然的证据，不错，这是证据，但不是能够证定事实的证据。鉴于申请人申请我作为首席回避本案，我愉快地向仲裁委员会主任表达了接受回避申请的动议，至少我不需要面对裁决他的委托人败诉的尴尬局面。

我应当公正地裁决案件，但，我能够公正地裁决案件吗？

自从我担任仲裁员以后，我便不敢轻易受理在我看来存在极大败诉风险的委托，哪怕委托人愿意支付高额的律师费。

除了可能涉嫌不正义的原因以外，还有一个最致命的问题：缺乏证据！

因为我的小师弟师妹们可能会看，我想说得更多一些。

有一个有趣的命题：到底是先学习理论再等待专业性的工作任务，还是等有了专业性的工作任务再来学习。

一些和我同龄的律师与我讨论过这个问题，一些年轻的律师包括我的徒弟也问到这个问题。

作为团队团首，我的观点是：如果你不具备相关专业的理论储备，我不能将相关的专业任务交给你去完成，客户将律师费交给我，我不能变成你的学费，这对客户不公平。

还是那句话，机遇永远垂青有准备的人。

如果你多年以来仍然在原地踏步，那么你可能需要痛定思痛地反省：你学习了些什么，你能抓住什么机遇？——展现能力的能力甚至比能力本身更为重要。

03　公司治理与尽职调查

大律师小律师都不会否认，相对高额的律师费来自公司，来自商事交易项目管理与争讼处理。商业模式与法律技术的发展，也催生了更多新的商事法律服务品类。比如：私募股权投资、不良资产处置、并购重组、上市，等等。

我并没有过多地参与证券与上市法律业务，但我依然认真地参与了公司治理与尽职调查的培训。

实践证明，我的决定是超级正确的。

法律尽职调查亦称作"审慎调查"，是对目标公司的资产和负债情况、经营和财务情况、法律关系以及目标企业所面临的机会与潜在的风险进行的一系列调查。这是企业收购兼并程序中最重要的环节之一，也是收购运作过程中重要的风险防范工具。调查过程中通常利用管理、财务、税务方面的专业经验与专家资源，形成独立观点，用以评价并购优劣，作为管理层决策支持。调查不仅限于审查历史的财务状况，更着重于协助并购方合理地预期未来，也发生于风险投资和企业公开上市前期工作中。

尽职调查的目的是使买方尽可能地发现其要购买的股份或资产的全部情况。从买方的角度来说，尽职调查也就是风险管理。对买方和买方的融资者来说，并购本身存在着各种各样的风险，诸如：目标公司过去财务账册的准确性；并购以后目标公司的主要员工、供应商和顾客是否会继续留下来；是否存在可能导致目标公司运营或财务运作分崩离析的义务。因而，买方有必要通过实施尽职调查来补救买卖双方在信息获知上的不平衡。一旦通过尽职调查明确了存在哪些风险和法律问题，买卖双方便可以就相关风险和义务应由哪方承担进行谈判，同时，买方可以决定在何种条件下继续进行收购活动。

围棋中有句术语："敌之要点乃我之要点"，我以为这些要点是值得企业决策者一读的，无论你是否想过并购或者IPO。借此，你可以知悉你的企业要如何发展，以及你做到什么程度才能受到那些比你发展得好的企业关注，包括与你合作，或者来收购你的股权（参股或者控股）。

基于知识的完整性的考量，我从网络中摘录了相对比较全面的尽职调查流程与清单，供读者（尤其是那些企业经营决策者）参考。尽职调查清单是一面镜子，映照企业管理的方方面面，你忽略了哪些管理环节，需要补足哪些管理档案，在这里一目了然。

尽职调查流程及清单

尽职调查流程

一项大型的涉及多家潜在买方的并购活动，尽职调查通常需经历以下程序：

（1）由卖方指定一家投资银行负责整个并购过程的协调谈判工作。

（2）由潜在买方指定一个由专家组成的尽职调查小组（通常包括律师、会计师和财务分析师）。

（3）由潜在买方和其聘请的专家顾问与卖方签署"保密协议"。

（4）由卖方或由目标公司在卖方的指导下把所有相关资料收集在一起并准备资料索引。

（5）由潜在买方准备一份尽职调查清单。

（6）指定一间用来放置相关资料的房间（又称为"数据室"或

"尽职调查室"）。

（7）建立一套程序，让潜在买方能够有机会提出有关目标公司的其他问题，并能获得数据室中可以披露之文件的复印件。

（8）由潜在买方聘请的顾问（包括律师、会计师、财务分析师）做出报告，简要介绍对决定目标公司价值有重要意义的事项。尽职调查报告应反映尽职调查中发现的实质性的法律事项，通常包括根据调查中获得的信息对交易框架提出建议，以及对影响购买价格的诸项因素进行的分析。

（9）由买方提供并购合同的草稿以供谈判和修改。

关注要点

尽职调查阶段投资人对创业者的商业模式、产品、商业计划书、定位等进行最终的确认，以便达到完美。尽职调查是为了双方的互相了解，以便两者在未来更好地合作和发展。

以下是投资人在尽职调查中所关注的几个方面：

（1）团队是否强大、是否健康。如果创业团队比较小，天使投资人可能会约见每个成员。天使投资人会调查每位团队成员的智力、忠诚度、优点、弱点、团队合作和管理风格等。一个功能不健全的团队，或者在关键位置上有一个老爱唱反调的人都会影响融资成功。

（2）产品或服务的准备。技术上的调查通常是从工程技术人员和产品营销人员开始的。天使投资人会评估创业公司创业的进程，也会评估产品。创业者所有的准备目标是要让天使投资人对宣称的产品所具有的功能和质量达到百分之百的满意，整个团队和研发过程还要保证产品将来能实现。最后，天使投资人还需要确认知识产权保护和状态。

（3）市场需求和大小的确认。一个优秀的天使投资人可以从很多方面帮助创业公司，但是不能保证用户一定会买创业公司的产品。天使投资人会从创业者给的市场人群参考表中找一些潜在的客户，

跟他们谈话，了解市场情况。天使投资人也会联系他们人际关系中
的技术高手和业内人士。不经历验证的痛苦，就没有成功的交易。

（4）可持续的竞争优势。如果天使投资人找出了事先没有预想
到的竞争，而创业者却忘了提及，那么这就是一次"死亡之吻"。天
使投资人要通过行业分析来确认创业者所拥有的优势确实是独一无
二的，未来没有潜在的竞争者。

（5）公司财务状况。创业公司的财务状况如何？公司确定的里
程碑完成得怎么样了？天使投资人会查验创业公司之前已有的融资
和股权情况，做一份精确的市场投资表。创始人的信用差，还有未
了结的官司、没有偿付能力都会增加融资失败的风险。

主要内容

尽职调查的内容一般包括以下这些方面：

（1）管理人员的背景调查；

（2）市场评估；

（3）销售和采购订单的完成情况；

（4）环境评估；

（5）生产运作系统；

（6）管理信息系统（汇报体系）；

（7）财务预测的方法及过去预测的准确性；

（8）销售量及财务预测的假设前提；

（9）财务报表、销售和采购的票据的核实；

（10）当前的现金、应收应付及债务状况；

（11）贷款的可能性；

（12）资产核查，库存和设备清单的核实；

（13）工资福利和退休基金的安排；

（14）租赁、销售、采购、雇佣等方面的合约；

（15）潜在的法律纠纷。

04 法律的表象与实质

法律由两部分组成，这两部分就是表象与实质。表象就是法律的文字，而实质就是法律的道理与意义，法律之所以存在，即是因为它的实质。

透过现象看本质，如果说以公司法、证券法为代表的公司法律规范是公司发展的指南针，是公司存在的灵魂与公司发展的最高境界的话，那么，透过尽职调查提纲，你能看到的就是公司经营管理的经络与骨骼。

了解了这些，你会发现，商事律师如果厘清了公司的骨骼与经络，就不难回答企业决策者的提问。对于民营企业者而言，最大的问题来自他们没有意识到企业经营需要一个大局观。

以下是一些董事长与我的真实对话：

问："我们公司现在拥有自己的核心专利技术，在农业领域一直发展比较好，政府和银行都很支持我们，愿意给我们公司批一块地搞农业产业园，我们也想考虑上市的问题，您觉得如何？"

答："如果你们想上市，则主营业务要突出，从数据来看，你们的销售渠道存在极大的客户依赖，同时，从你们的管理架构来看，家族化管理情况比较严重，缺乏规范的公司治理结构，甚至管理流程缺失，业务渠道也相对零散，哪里赚钱去哪里。如果有投资，个人倾向于集中力量抓重点，鉴于公司拥有核心专利技术，建议加大宣传力度，拓宽市场渠道，减少大客户依赖，只有这样，公司才能长治久安。换句话说，你们公司要想上市，需要一个过程，不要急，也急不来。"

这位董事长现在应该在监狱服刑，集资诈骗罪，原因在于盲目扩张导致资金跟不上，后参与 P2P 融资，资金链的彻底断裂，遂向警方自首。后来我从朋友的朋友处得知此事，只能遗憾地摇摇头。他从来未支付过一分钱的律师费，却在见我的每一次带上小本子记录我的观点，我当时并无怨言。但一位从来不想向别人的劳动与知识付费的人领导的企业是绝对走不远的。

境界决定高度。

问："我们公司在经营上存在瓶颈，业务一直上不去，人员流失比较严重，目前我们已经关掉了几家分支机构，怎么办？"

答："我只是一名律师，不是企业诊断专家，当然也没有企业诊断专家这个职业和专门的技术。从法律角度而言，人员不正常流失意味着管理上存在问题，比如说薪酬与激励制度存在问题，人被同类企业挖走了。这不一定是绝对因素，但至少是一个不应被忽略的因素。"

回头思考关于企业的问题，我最大的感慨在于企业经营管理的热情。领导者已年暮，子女却无能力亦无兴趣接管企业，一个没有灵魂的企业或者说缺乏激情与发展的源泉的企业便同步进入了暮态。从律师角度来说，家族企业领导者在经历了毕生的奋斗后留下丰硕成果，更大的忧虑却在于财富的传承，这种压力与忧郁在一定的年纪后掩盖了继续发展企业的信心与斗志。除了叹息，欲辩已忘言。

05　独自旅行

宁在一思进，莫在一思停。

细心的读者会发现，我之学习与思考，无一不与我个人过往经历与经验相关。能够将工作的乐趣与学习的兴趣统一，无疑是一件幸事。

于我个人而言，我常在经由兴趣与乐趣浸染的海洋里游弋，因为得了当事人与委托人的称许（通常在诉讼案件中称"当事人"，在非诉讼项目中谓"委托人"），先是快乐无比，甚至飘飘然；及至中年，岁月归于沉静，心态亦趋清灵，少了欢欣雀跃，散了焦躁狂情，更喜看陋室一缕青烟，静听一曲玄琴。

不知从什么时候开始，我更喜欢做一个独行的旅者。

我的法庭人生，到目前为止也经历了两个阶段：第一阶段，感觉自己是法官的指导人，我有必要在法庭上告诉法官应当如何判案，那时我还年轻，"小荷才露尖尖角"；第二阶段，感觉自己是法官的协助人，我有必要为法官厘清案件的经络，不再雾里看花。这时我也开始以首席仲裁员的身份裁判案件，和法官一样在孤灯之下冥思苦想撰写判词，面对双方当事人及其律师，在我的内心，如何处断公平与正义，颇为迷茫。

观人及己，我也常思量，我又是怎样的一位律师。我足够敬业吗？我足够专业吗？

每一次出门学习，几乎都是一个人，我更喜欢这个安静的过程，甚至去纽约，我刻意选择了一个最长飞行时间的航班，经停迪拜再飞纽约。在飞行的过程中，我完成了肤浅的但依然可以在现在与未来遐想无限的《西行散记》，并将它永远留在我的博客上。

合抱之木，生于毫末；九尺之台，起于累土。

法律人的尊荣，在于法律人的寂寞。

一个急功近利的人不可能成就光彩的事业与受人景仰的人生。

一个喧嚣的法律人亦不可能成为律政星河中璀璨的明星。

悼念李犁律师

2013 年 5 月 11 日上午，我正在打电话，未接来电同时显示张律师、文龙兄的电话，我心里想，肯定是这帮兄弟聚在了一起，让我过去吃饭，我乐呵呵地回复张律师的电话。他说："李主任走了。"我一下子没有回过神来，问"去哪儿了"，他说："李犁主任去世了！"

我几乎是从沙发上跳起来，不敢相信自己的耳朵，张律师说："我们都觉得突然，但李主任真的走了。"

我的大脑一片空白，良久无语。

接下来几天，我让身边的人不要烦我，我没有心情工作。

5 月 17 日，武昌殡仪馆，我去送李主任最后一程。我知道我会掉眼泪，提前准备了纸巾。不远处，是他依然清晰但已没有血色的脸，上方是他的照片。

大家默默地围绕着他的遗体缓慢地走，我走在最后，我想多看他两眼，其他人已经走出了悼念大厅，我留了下来，看着他，我的泪再也忍不住流下来。眼泪默默地流下，心里一种剧烈的痛。

在回去的路上，我一个人开着车，泪如泉涌，我赶紧关上车窗，任自己泪流满面，心痛，极度的心痛。

"李军，欢迎你回来！"这是他同意我进入湖北安格律师事务所执业，在电话彼端对我说的话。

这时我已经创办了一家小公司并担任总经理，但我依然觉得自己更喜欢律师职业，父母、岳父母以及朋友们都这么认为：最适合我的职业是律师。

取得法律职业资格以后，我给李犁主任——他是我的偶像，也是安格所的主任——打电话，他说了上面这句可能在他看来极其平常的话。那一刻，我的眼泪出来了。

从殡仪馆出来，我的脑海里只有这句话，一遍一遍地在耳畔响起，不去管眼泪模糊了双眼，只是本能而机械地开车。

"今年我四十八岁，我只准备当十二年的主任，六十岁我就不干了。"他说这话时是在 2006 年，这一年我和他发生了一点不愉快，我离开了他率领的建纬（武汉）律师事务所，到 2013 年，整整七年，他五十五岁。

尽管因为出现分歧，年轻的我冲动地离开了李犁律师所在的律师事务所，但在谈到我的职业生涯时，我会毫不隐讳地对每一个倾听的人说，我是因为认识李犁而进入湖北安格律师事务所的，那时他是该所的主任，他是我律师职业生涯中的第一位主任。

在我的印象中，他是一位绝对的名牌律师，有着大牌律师的风范与知识内涵。我对工作严谨的态度，某种程度上要归因于向李犁主任的学习，所以我一直认为安格培养了我良好的学习态度，建纬成就了我在专业领域的起步，而这两个所的主任，都曾是李犁律师。

某种程度上来说，他并不是一位最好的领导，因为他率性直言，从不隐讳对问题的看法，甚至会在法庭上与他认为不公平的法官"叫阵"。我也是无法忍受他过于偏执的对我的评价而愤然留下一句"士可杀不可辱"便离开了建纬，我以为时隔七年，我不会再这么心痛，但这种心痛，甚至超过了我的亲人去世。

又过了九年，我已成为律师事务所高级合伙人，依然不敢有些许懈怠，无论对专业还是对人生，那一句"欢迎你回来"来得实在不易。

我深知，我与李犁律师还有很大的差距，现在我亦过不惑之年，方知年轻时的气盛与冲动，我还记得秦律师对我说："你不知道你离开建纬，你会失去什么?!"

在我看来，我首先失去了一个近距离感受大律师的机会，只是我那个时候还没有理解真正的大律师所应具备的如此之多。

尊敬的李犁主任，您是我进入职业生涯的第一位导师，我现在才知道我对您的敬畏，那也是我一介后生对法律殿堂的深邃的膜拜，因了您，我有一个更专业的起点，我将永生将您铭记。

您的学生李军，愿您安息！

820 大院

01

当晓桐将我们这个群命名为"820 大院"时，那种浓浓的怀旧情结就再也无法散去，如果不写些什么来纪念"820 大院"，对于我这个喜欢写字的人而言将会是深深的遗憾。

820，这个数字对于我们这一群成长于部队大院的孩子而言，代表着一个时代，我们的童年，我们的成长，我们的情感皈依。

820 是我们童年时居住的父亲所在部队的番号，在广东省韶关市，记得是 00279 部队，但社会上更多的人叫它 820 部队。我们这些孩子就是听着和电影电视里一样的起床号、熄灯号长大的。

820 部队，除了成就了我们父辈的半百人生以外，还给我们这一群部队大院的小孩打上了深深的烙印。如果留意，你会发现几乎所有部队大院成长的孩子都有一定的共性，率真的性情，步伐中可以看到一点军姿，行动利落，性格豪爽，还有带着各地方言余味的普通话，广东来的带着广东话的尾音，天津来的带着些许天津话特有的韵味……我则较笨，来到武汉三十余年，武汉话还是学得不纯熟，让人一听便知不是本地人。朋友说，讲普通话的人在本地总像是一朵浮萍，没有根的感觉，细想起来，也有几分道理。因为讲普通话，我总被武汉人问"是不是本地人"，我就只有回答："如果从身份证的角度来说，应该算是。"

　　但无论如何，部队的孩子还是在平凡中凸显出一点不凡之处，特殊的人生经历，难得的远离社会尘嚣的纯真，被当兵出身的父亲严厉管教的成长记忆，那无须辨别就知道来自部队大院的普通话，都隐藏着让人浮想联翩的故事。

02

　　部队大院的童年生活是丰富的，那时还小不大记得女孩子们的游戏，男孩子的生活，则记忆深刻。

　　首先的快乐来自人多，820 大院很大，在一起玩的孩子有几十人，光是组织到一起就是一项不小的工程。但记忆中，这项工程似乎没有耗费太多的时间。伙伴们好像只有在周末或者假期下午三点才可以去玩，这多半是父母们你看我家我看你家后定下的规矩，时间长了就成惯例，到了三点只要功课做完，便喊着号子飞也似的下楼，顺便把楼下的小朋友给叫上。

　　每每到了下午三点，人便开始多起来，我家楼下是主场，人员在这里聚集，游戏从这里开始，分手各回各家也还是从这里。

　　游戏的内容多种多样，但男孩子玩的主要还是三样："打仗"、捉迷藏、踢足球。

　　那时，每个男孩子都有一把玩具枪，步枪、手枪、冲锋枪，这对于我们这一群部队的孩子来说是轻而易举的事情，父亲们绝对不会在买玩具枪上吝啬。我的枪就是一把可发光的手枪，大小如同现在的六四式，能够发光的功能还是羡煞了一些小朋友，他们也想让父母买，但没的卖了，很有些遗憾。那把小手枪还有另一个功能，就是为我在严厉的父亲强行熄灯以后躲在被子里看图画书提供照明，这是童年很长一段时间的乐趣。

"打仗"需要把人员分成两组,"好人"和"坏人"是需要轮换的,因为没有谁愿意永远当"坏人",这个游戏规则是矛盾调和的产物,政治的萌芽由此可见一斑。大院很大,一场"仗"打下来,通常就花掉了一个下午,记得有一次,在"好人"已经将"坏人"消灭殆尽时发现还少一个人,这仗就打得不彻底了,于是满世界搜索那个"坏蛋",结果那个"坏蛋"躲在别人家里大吃零食。我不记得那是不是我,但是自那以后便有了一个新的规则,不可以躲到家里去,否则就不再和他玩了,从此以后没有再发生此类事件。很遗憾,我不记得我们那个时候是如何对待"俘虏"的,这是一个有趣的话题,印象中偶尔会有"俘虏",但绝大部分时候在远距离时就给"毙"掉了。大家的口令是"枪××",意思是说"'打死'了××"。而在此之前大家的嘴里发出的多是子弹的声音"嗒嗒嗒",这样造成的后果是两个"坏蛋"在一起时谁都不承认自己被打死了,你"嗒嗒嗒"了半天他照样还击,让人着实恼火。"打仗"是捉迷藏的高级阶段,"打仗"之后捉迷藏就很少玩了,"打仗"通常是大规模游戏,人数太少时才以捉迷藏来替代一下,但总有一种"今天玩得不太尽兴"的感觉。

足球永远是男人的爱,哪怕是"小男人"也无法割舍,如果不是因为中国男足叫人"愤恨至极"的话,我现在肯定也是一铁杆球迷,"看足球但不再看中国男足"已经成为一句口头禅。

足球那时是820大院最盛大的也是最认真的游戏,人数要达到22人,当然有时16个人也开赛,倒还真有几个踢得不错的,晓航该算一个,其他的印象不那么深了。我个子小,通常做后卫或者守门员,即使守门也是那种不太让人放心的守门员,队友们叮嘱又叮嘱。为什么这么慎重呢?因为这关系到每个人的屁股——输了球的那个队的全体队员是要被球打屁股的,每个人在球门前屁股朝外撅着,胜方一人一球,踢中了一阵大笑,不中的也换得一阵嘲笑。我捡球的时候多，偶尔也有踢人家屁股的机会，那是跟着大部队出击取得胜利换来的。

03

20世纪80年代初百万大裁军时，820大院经历了一次离别，我们家便是在那时离开广东随父亲的转业来到武汉，那时候我还小，不曾想到要向那些小朋友们辞行，他们也不会想到要给我留下些纪念或者是祝愿，就那么静悄悄地走了。

我记得那是韶关初冬的一个夜晚，部队的专车送父亲和我们全家到火车站，第一次觉得夜晚的霓虹灯是如此好看，我现在还记得自己在心里轻轻地说："别了，韶关。"

之后的日子，820部队经历了一次全员转业，再没有了军队绿和作息号，那时我们已经不在韶关，但还是可以通过父亲的战友听到一些关于820大院的消息。等到我们长大了，才知道820部队的神秘，当我们知道了核弹和铀的关系以后，对820部队才肃然起敬。当然，我想很多当年大院的孩子也和我一样对我们的父辈多了几分尊敬。

现在的820大院已经更名为"华南地质勘查局"，同时，大院也由韶关市整体搬迁到了广州市花都区，只剩下部分资产留在韶关。路路因为这个也留在了韶关，但他的父母亲却搬到了花都。

这是谁也不曾料想到的。

长大了，看到广东和武汉的差别，生活方式、文化、语言……我常问父亲没有留在广东是否后悔，父亲只是说人都没有"后眼睛"。我们这些大院孩子的命运也随着父辈的转业而有了不一样的色彩。

大院的军人本身就来自全国各地，因为转业又散到全国各地，我们这些部队大院的孩子也分散到全国各地，但如晓桐所言，820 大院还是我们这些部队孩子的精神家园，那里曾是我们的乐园，有我们的笑声，我们的回忆，我们的成长。

2011 年 5 月 28 日，因为小春从美国回来省亲，我们这一帮 820 大院的儿时伙伴们得以重聚。前次我到纽约时没能够去得克萨斯州看他，我允诺等他回来时我一定带全家去广州。令人感动的是，这一声招呼竟然到了 14 位，伙伴们来自美国得克萨斯州、武汉、中山、佛山、深圳、韶关，每一个到场的人都感慨万千。

虽然我们中的绝大部分人都离开了 820 大院，到了其他地方生活，但还是有不少人回到韶关来 820 大院，看看我们住过的楼房，带着孩子去找找我们的足球场兼电影场。让人惊喜的是，在武汉，我竟然遇到了当初在大院放映组工作的士兵，老兵居然还记得父亲，到家里来庄严地向父亲敬了一个军礼，叫"首长好"，父亲感动不已，我在那一刻也体会到了军人的尊严。

04

说到 820 大院，有关电影和食堂的故事是不能不提的。

820 大院通常每周四晚上都有电影看，下雨天或者偶尔片子调剂不过来的时候，会在去食堂必经路上的小黑板上提前通知，小孩子们会很失望，当然我也是其中一个。通常这一天小朋友们的功课都会做得很快很好，快是为了赶时间，好是为了不让家长们抓住错误罚重做。吃饭通常在这一天也是最乖的，快且不浪费粮食，吃完了用手一擦嘴巴，说"我去占位置"，就飞也似的跑了。

放映前的电影场也是最热闹的，小孩子们交头接耳分享着零食，瓜子也被当作武器漫天飞。偶尔有女孩子不知道被哪个调皮的小男孩或者是暗恋的小男生给"钉"了一下，会红着脸蛋撅着嘴，站起来怒目道："是哪个坏蛋'钉'我?"这时便没有人作声;或者是有好事者主动出来诬陷说是那个暗恋她的小男孩,那个被指认的男孩一下就脸红到脖子根,恨不得找个地洞钻进去,忙不迭地摆手说:"他们骗人。不是我'钉'的。"找不到作案者,女孩子也没有办法,恨恨地说:"坏蛋,讨厌。"就坐下来,若再被"钉",就只好拉着同伴挪地方了,这时必然有一阵哄笑,又是一声更加愤恨的"坏蛋,讨厌"声。

那个时期,我看过很多电影,印象深刻的是《庐山恋》《戴手铐的旅客》《泪痕》,陈强、陈佩斯父子的电影也很受欢迎,但不记得名字了。有时因为作业多无法下楼看电影,不得不留在家里做功课,但电影场就在我家楼下,电影的对白让小小的我无法不分神,电影情节也牵动着我的心。

其中,《戴手铐的旅客》中的音乐让我第一次从音乐中感受到恐怖,因为音乐营造的悬念氛围而不敢看画面,于是用手遮住眼睛,但又不愿落下情节而从指缝中偷看;《泪痕》则让我第一次体会到深深的感伤,那首《心中的玫瑰》现在我还偶尔哼唱,换来旁人的一阵唏嘘。我不知道为什么会不自觉地哼这支曲儿,而且每次哼唱或吹口哨,大院的电影、我们楼下的那棵高高的槐树、在树下拿放大镜烤蚂蚁的我,还有伙伴们踢球的欢叫声,仿佛就在眼前。

周四对于孩子们来说实在是个好日子,机关食堂每到周四会有猪肉包子或者是饺子,这无异于过年,这天有更多的小朋友愿意帮爸爸妈妈去打饭,因为可以边走边吃。大概是在三年级,我和邻居小春比赛吃包子,我一口气吃了四个大包子,以多吃半个的成绩赢了比赛,撑得直翻白眼。从那以后,我吃包子都不大行,连我儿子都知道爸爸因为比赛而把包子吃怕了。

因为这些军旅情结,做了律师以后,我成为父亲在武汉的许多战友的"御用律师"。他们都在一个城市,我通常接手他们在当地法院败诉以后上诉的案件（地域的原因），以至于上诉审法官都觉得奇怪，为什么我会有这么多来自同一个城市的案件。

这些委托人是我父亲的部下，这些看着我长大的老兵的事儿，就是我父亲的事儿，也就是我的事儿。

2018 年，我再一次回到韶关 820 部队大院，曾经属于我们的房子还在，那棵我曾经在下面用放大镜烤蚂蚁的大树已经可以用参天来形容。

因为这篇在我的博客上发表的小文，好几位部队的老兵或者和我一样有着 820 部队大院记忆的小伙伴从天南地北和我取得联系，彼此问候。

因了 820 大院，我们的心意容易相通。

亦愿我们的人生，不负韶华。

且共从容

谨以此小文献给我挚爱的家人，

感谢你们给予我的无数的包容与无声的支持，

感谢岁月的恩遇！

——李军

梅儿（我太太）联系了搬家公司，我们再一次搬家，将我们租住的房屋里的物什搬过来（那是为了儿子初中读书方便租住的房子）。

这一次，应该是我们长期的住所了，她的心安定下来，我也颇觉欣慰，看着她小鸟衔食一样地将房间一点点地充实起来，虽然我并不喜欢满当的感觉，但我还是夸赞说有个贤惠持家的太太是极好的。

在汉阳的房子，是我们的第一套房子，是用我的第一笔"大额"律师费买的，我不喜欢向人借钱，几经思考还是选择了我大概能够承受的月供。那时我也不知道我会成为一个收入几何的律师，所以第一套房子的面积只有不到九十平方米，这对于我而言已经足够，因为我只要一个安静的书房。

梅儿到别人家里看到比我们宽敞的房子时，羡慕之情溢于言表。再一次谈起房子时，我定定地看着她，她诧异地问："你干吗傻傻地看着我？"我说："我们换一套房子吧，我应该给你圆个梦了"——现在想来，我敬重的岳父母将他们的宝贝闺女嫁给这么一个一无所有的"瘦小男孩"需要何等勇气和宽容。

于是有了这套房子，在需要按照法律意义上的"豪宅"的标准交税时，梅儿又心疼了，说："天啊，税这么高"。我说："交吧，那是我给你的精神损失赔偿金。"我知道，没有多少女孩在青春时需要花钱的时候能够忍受一个不名一文的"苦行僧"，她任劳任怨地陪在我身边已经是我的福分。

儿子远儿现在也已经比我这个爸爸个子高，作为男生我们可以谈论女朋友的话题。我向他夸赞他母亲的贤惠，很大程度上他继承了他母亲的温和性情，但也表现得有一些怯懦，这与我的严厉不无关系，但愿他以后能够想明白这点。

现在他已习惯了大学住校生活（希望他永远记得那个在加拿大读书时经过的"无比悲惨"的圣诞节以及爸爸对他说的"男儿需要承受"的话），他开始知道律师这个职业在无数的光鲜背后就是孤灯与寂寞相随——他终于没有选择法律专业。

我常说教远儿，希望他有一天能够懂得再远大的理想也要靠一天一天的努力与思考，以至于他要去查询更年期的定义。但回头想想，我在他这个年纪也并不懂得我想让他懂得的道理，我只能对自己说："莫急莫急，终有一天他会懂得——那些你想让他懂得以及不想让他懂得的道理。"

作为儿子，我确乎是在上了大学之后才懂得父亲的辛苦，这种醒悟是因了大学的一篇作文：《苦心》，写的是我第一次离家住校，周末回家不经意发现父亲的白发，那时的父亲就是我现在的年纪。第一次发现的白发触动了我的心灵，当时，我忍住要夺眶涌出的泪水，借故离开厨房。现在我亦霜染两鬓，已经上大学的儿子可以朋友般地拍着我的肩头说："别熬夜。"我愉快地说"好"，继续写字。

　　我的心思是悠然的，虽然我们现在还"话不投机"。

　　我对父亲出乎意料的恭顺使母亲萌生"醋意"，间或"抗议不公"，用广东话说："老豆同崽冇得倾（父子之间没得聊）。"我便搂着母亲说："我在你面前乖了太久了，你不要吃醋。"

　　母亲笑叹："我儿子终于懂事了！"

　　以前不会对我笑的老爷子开始有了笑容，但依然属于"忍俊不禁"的那种，我似乎不曾见他大笑，或许是因为军人的严肃，用他的话说，在部队就没有干过副职。我非正式地知道他曾是广州军区十万军中大比武"榜眼"，那打枪的姿势我至今都觉得"怎一个帅字了得"。

　　父亲莫大的承担能力以及母亲温和的脾气成就了我的"中庸之道"：能够与繁杂的家务"和平共处"。最大的幸运莫过于有一位勤快的太太梅儿和一位任何时候都挺我的妹妹燕子，两人包办了关于买房的一切事务：看房，谈判，签约，过户，贷款，装修，购置家具、花草、生活物品，搬家，等等，对这一切，我只能说："辛苦了，两个小女人风风火火地办完了。"毕竟我是律师，所以签合同的事情是需要我亲自把关的，我只问了一句："姑娘们，你们确定满意吗？"梅儿和燕子异口同声地说："还行！"

　　我确定买下我们现在住的居室似乎只花了五分钟。对于我认为房款还是有点超过预算的抱怨，任何时候都和嫂子在一条战线上的妹妹就会教育我："那是你不管事的经济补偿"，我便只好说："好吧，辛苦了。"用妹妹的话说："哥，书房的布置，我听你的，其他都是我嫂子说了算，你懒，你就要乖一点。"

　　新房与妹妹家只相隔三栋楼，我的父母因为他们的小外孙女、我的小外甥女的原因多半也住在妹妹这边。第一次父母和妹妹到我们的新居来吃饭，燕子欢喜地说："哥，我们好像又回到小时候全家人一起吃饭的时候"，我笑笑，去卫生间偷偷擦去忍不住流出的眼泪。

我也仿佛看到了从前，父母不过是我现在这个年龄，但我居然不记得他们青春的容颜，我才知道成长要付出怎样的代价。每每看到父母老去的脸颊，我多么希望将我的时光让一些给他们，希望再给他们一个四十五岁，让我记录下他们青春的模样。

现在我会尽量满足父母的要求，他们说要去台湾看看，我说好呀，燕子又包办了一切，所以我义正词严地对我那警察妹夫说："记住，在你家里，我这宝贝妹妹永远是对的。"可爱的妹夫忙点头称是。

没有应酬的时候，我们会每周邀请父母和妹妹全家过来吃饭，家里因为四岁的小公主而显得热闹，我将没有来得及给远儿的疼爱，给了我们的小公主，远儿也感受到他的律师父亲不严肃的一面和对孩子的疼爱。每想到此，我都深觉遗憾，便十分地厌恶光阴的无情。

当有人对远儿的未来表达关切的时候，我会不犹豫地说，我相信他会比我强，只是现在还没有到他彻悟的时候而已。我也是做了一个旁人以为原本我无法胜任的工作，看到我在职场上的日益精进，又觉得其实后天还是可以成就一个人的。我将这一切总结为强大的家族职业背景支撑：外婆是法官，大舅舅是纪委书记，二舅舅是记者，小舅舅是检察官，叔叔和妹夫是警察，小表妹是法医，而我则做了律师……

我在征求了远儿的意见以后买了一台音乐播放器，客厅很宽敞，早上起来首先播放音乐来唤醒自己，这是我喜欢的生活节奏，远儿也喜欢在洗澡时放他爱听的音乐。晚上回到家里，安静下来，首先打开播放器，播放手机里保存的音乐。年轻时通常会放流行歌曲，现在更多的是钢琴曲、吉他、古筝以及轻音乐，一杯茶，偶尔一支烟，打开台灯，因为客厅的空旷，音乐也多了几分悠远。

我并不是一个文采飞扬的人，早年我是极恐惧写作的，这点从今天我的同学的调侃中得到了印证。他说记得我当初的文笔极其一般，言下之意是现在确实是进步了。我承认，现在依然一般，只是敢去写了而已。

某种程度上，我的文字能力的提高与音乐是有些渊源的。1991年我在华中师范大学读书，一个寂寞无聊的中午在听电台音乐节目的时候，我心血来潮给电台写了一封信，或者说是一篇小文。大意是说我还是比较喜欢听歌的，在我看来，音乐有助于提高一个人的情操。这样的一封信让当时同样年轻的编辑感到有趣，于是播出了这封信，顺便还读了我的联络地址。接下来的一段时间，我收到来自湖北各地的同龄男女的交友信件，我也给各位笔友回信。这个过程持续了大约一年，后来和这些笔友的联络渐渐少了，但写字的习惯倒是形成了，有点趣事或者灵感便随手把它写下来，星星点点地累积起来也有了数百篇，先是写了四个笔记本，后来在论坛上写，再后来又转到了博客。其中，我在论坛上发的一篇帖子还被法律出版社收录结集出版了，名字叫《司考鸡精》，当时收到了第一笔稿费，这也算实现了我说要发表一篇铅字文章的"豪迈誓言"。

这一切都是在书桌前完成的，在家中，梅儿小心地维护了我与书房、书桌的情感，她做了家里的"汉子"，成全了我在这里写"律笺小字"。

如果说年龄的增长是岁月的侵蚀的话，那么在这种无可逃避的侵蚀背后，岁月也同样馈赠给每个人醇厚阅历、澄净心灵的机会，有些人得到了，有些人擦肩而过，有些人在这擦肩而过中成就了因缘，有些人在岁月的中段业已成烟。

偶尔，梅儿和我会到门口的小湖边去散步，一圈绕下来大约五千步，她习惯挽着我的臂弯，我习惯搂着她的肩，慢慢地走。

有一次，散步的人多，还有小跑的孩子们，我便牵她的手让她避让，我准备松开手去搂她的肩，梅儿没有松手，说："我印象中你似乎从来没有牵过我的手。"

我们就这样牵着手，走了一路。

后　记

本来并无结字成书的念头，2020 年，假期格外地长。武汉，一不小心世界瞩目，牵动了亿万人的心。

许多人，失去了生命；也有许多人，为了他人的生命，默默奉献着自己的生命；生命之重，生命之轻，人格之重，人格之轻，在这个平常又不平凡的 2020 年尽显。

我和儿子在家里宅着，太太作为一名平凡的医院职工，默默地付出，保障一线医务人员的后勤。

和其他人一样，我们前所未有地流过如此多的无声的泪，瞬间体验如此多的心痛。2020 年，我敬重的婶娘突发心肌梗死出人意料地离开了我们。多位朋友失去了他们的亲人，那些熟悉的面孔转瞬之间与我们阴阳两隔，因为禁止出行的行政命令，我们甚至不能去殡仪馆送他们最后一程。

从来不曾做过饭菜的我，开始考虑一日三餐的问题，才发现其实很多事情，只要你想去做，并不难。儿子乖巧地与我合作，亦不挑剔我做的是否好吃。我做饭他洗碗，间或他还煮饺子、煲稀饭、煎牛排、蒸鸡蛋给我，只道"老爸你做熟了已是不易，更何况还不算难吃"。2020 年，我们父子俩营造了人生中最难得的默契与和谐。

相信所有的武汉人，绝大部分的中国人，都经历了一生中最难以忘怀的一个春节，大家都安安静静地做着力所能及的事情，武汉人从来没有如此团结，如此齐心，如此万众瞩目，如此让每一个人揪心。

我能做的，也只能是擦干了眼泪，平复了心绪，安静地写字，默默地与自己的心灵对话，去问那个在远方的自己："我已一路走来，在你以为，走了这么久，我变了吗？"

这些散乱的小字，就算是对 2020 年之前的人生经历与经验的一点极其肤浅的总结吧。

我不是一个有远大理想的人，做着默默无闻的工作。我记得最初的愿望只是：拿下律师资格考试、有个房、有个小车、出一篇铅字文章、去一趟美国，如今这些小目标均已完成。就以这本小书来作为 2020 年奉献给我至亲的父母、岳父母、太太梅儿及儿子知远、妹妹妹夫与筱筱外甥女的新年礼物吧。是你们在后方对我默默的支持与无私的付出才有我一路走来。我是何等的感谢你们！

我亦愿以此小书致敬我律师职业生涯中起到引领作用的我深为感念的：湖北泓峰律师事务所主任弓跃峰律师、上海建纬（武汉）律师事务所原主任李犁律师（已故）、湖北安格律师事务所原主任顾恺律师（已故）、北京德恒（武汉）律师事务所原主任杨霞律师、北京市盈科律师事务所主任梅向荣律师，以及我没齿难忘的、整个人生至为重要的引路人：石挺叔叔与王昭阿姨，你们恩赐与我的桂子山求学岁月，确乎我所有职场故事之缘起，我是何等的感激而又无以为报！

我需要感谢的人们不限于以上所列，诸多的亲人与好友，他们在我艰难而笨拙的行进旅程中给予我善良的鼓励与支持。在盈科武汉的日子，同人们相处愉快，我受益匪浅。盈科武汉亦是我截至目前工作时间最长的"鸟巢"，谢谢大伙儿的关照。

我已远离商界多年，我不知道是否有一天会回归，亦以此书问候有些久远的、在过去亲切地叫我"头儿"的、我曾经的公司的兄弟姐妹们。无论何时何地，我都在默默地为你们祝福！

　　愿读者诸君，能够以包容的心态去读这些散乱的小字，就算是纪念我们难忘的 2020 年以及祝福我们未来的人生吧。

　　祝福天下！再无心碎与辛酸！

李军律师/仲裁员

2020 年 2 月 14 日于武汉家中